사랑이라는 시절

사랑이라는 시절

나의 아버지를 자랑합니다
나의 어머니를 애정합니다

강소영

도서출판담다

추천사 | 강소영 작가님을 자랑합니다

 책을 낸다는 것은 단순한 시작이 아닙니다. 자신의 이야기를 세상에 건네는 아름다운 용기이며 삶을 향한 선언이기도 합니다. 깊은 곳에서 길어 올린 삶의 조각들을 모아 쓰고, 읽고, 지우고를 반복하며 흘렸을 눈물과 애잔함, 그리움은 매 순간이 사랑이었음을 나지막한 소리로 이야기해 줍니다.

 사랑하는 이를 기억하는 일은 단순한 회상이 아닙니다. 한때 곁에 머물던 존재가 여전히 나를 지탱하고 있다는 믿음이며, 나를 나답게 만들어 준 그리운 이를 향한 깊은 경의입니다. 우리는 종종 과거의 시간 속에서 머뭇거립니다. 누군가는 그것을 시간 낭비라고 하지만, 기억하고 머뭇거려 봐야 비로소 깨닫게 되는 것이 있습니다. 후회도, 원망도, 그리고 미처 몰랐던 사랑조차도 말입니다.

 세월이 약이라고 합니다. 그러나 시간이 흐른다고 모든 것이 흐릿해지는 것은 아닙니다. 어떤 것은 오히려 더 선명해집니다. 사랑하는 사람을 잃은 뒤 밀려오는 아릿한 그리움은 시간이 지나도 덜어낼 재간이 없습니다. 선명

해진 것을 더 선명하게 기억하는 것일 뿐. 성실한 작가님은 말합니다. 사랑하는 사람을 사라지지 않게 더 기억하고, 오래 간직하는 일은 결국 나를 위한 일이라고.

팔은 안으로 굽습니다. 글을 품은 팔은 더는 굽어질 수 없을 만큼 안으로, 안으로 가슴에 포옥 안깁니다. 한 사람이 풀어낸 이야기지만, 너의 이야기자 이 글을 읽고 있는 나의 이야기이기도 합니다. 그러니 팔이 더 안으로 굽을 수밖에 없습니다.

강소영 작가님은 글을 마치며 '비로소 슬픔을 오롯이 마주했고 글로 통과해 낸 온전한 슬픔은 완전히 치유되었다'고 말합니다. 슬픔을 끝까지 마주해 본 사람만이 누릴 수 있는 자유입니다. 와이만의 '은파'와 조용필의 '허공' 피아노 연주가 귓가에 들려옵니다. 먼저 떠나 미안해하는 잘생긴 갑천 씨에게도, 무던히 참으며 살아 낸 단정한 혜옥 씨에게도, 그리움을 품고 사는 모든 이에게 안겨 준 선물이 참 뭉클합니다.

강소영 작가님이 혜옥 씨를 책방으로 모시고 온 늦은 봄날이 떠오릅니다. 단정함을 꼭 닮은 모녀에게 애정이 치우쳐 입가에 주체할 수 없는 미소가 어렸습니다. 창가에 앉아 서로에게 편지를 쓰는 뒷모습에서는 애잔한 그리움이 묻어났습니다. 이 책을 읽고 나니 어렴풋이 알 것 같습니다. 사랑하는 사람은 곁에 없는 것 같지만, 잊지 않는 한 사라지지 않는다는 것을 말입니다. 어떤 방식이든 함께 살아가고 있다는 사실이 우리가 여전히 함께임을 느끼게 합니다.

그동안 지켜본 강소영 작가님은 누구보다 성실합니다. 독서 모임, 꾸준한 글쓰기, 자신의 자리에서 감당해야 할 몫을 온전히 안고서 자신만의 속도로 조용히 빛을 발하는 분입니다. 저마다의 시절이 있지만 사랑으로 보듬을 수 있는 것은 자신밖에 없다는 것을 담담하게 이야기하는 작가님의 용기가 소중하고 찬란합니다. 그래서 참 고맙습니다.

계속, 愛 쓰는 강소영 작가님을 애정 담아 자랑합니다.

벚꽃 가득한 창가에 앉아
문옥미 (책방 마음이음 대표)

프롤로그 | 나의 부모를 자랑합니다

한 사내가 있었습니다.

전라남도의 자식 많은 한 농가에서 태어난 그는, 인물 좋고 활발한 소년이었습니다. 운전대를 잡고 전국 팔도를 누비는 청년이었습니다. 노래와 춤과 유머를 즐기던 그는, 성실과 근면으로 매일 매일을 메우는 가장이었습니다. 나의 아버지 갑천 씨입니다.

한 여인이 있습니다.

충청도의 자식 많은 평범한 집안에서 태어난 그녀는, 수줍고 조용한 소녀였습니다. 책 읽기를 좋아하던 문학 소녀였습니다. 선생님이 되는 것이 꿈이었던 그녀는, 정직과 순종으로 삶을 가꾸는 아내였습니다. 나의 어머니 혜옥 씨입니다.

"우리 아빠는 대체 왜 그럴까?"
"엄마처럼 살지 않을 거야."
배운 것, 가진 것 없는 부모를 원망하고 부끄러워만 했습니다. 그러다 서서히 알았습니다. 아빠와의 추억은 상실의 슬픔을 통과해 농축된 힘이 되었다는 것을요. 엄마와의 일상은 삶의 이정표와 긍정적 에너지가 되어 주고 있다는 것을요.

 돌아보면 언제나 저는 두 사람의 자랑거리였습니다. 인생의 크고 작은 굴곡을 만날 때마다 힘이 되어 준 것은 그들로부터 받은 농도 짙은 사랑이었습니다. 그 사랑을 기억하기 위해 기록했습니다. 모든 기억은 추억이 되었습니다.

 넉넉하지 않아도 괜찮습니다. 완벽하지 않아도 충분합니다. 예전에도 지금도 나는 두 분의 자랑이고 사랑입니다. 두 분 역시 언제까지나 나의 자랑이고 사랑입니다.

 너무 사소해서 귀하고 소중한 줄 몰랐던 그때의 이야기들을 꺼내 봅니다. 먼지를 털고 손으로 매만져 천천히 오래 보았습니다. 온기를 담은 말랑한 마음이 닿길 바랍니다. 이제, 그들과 함께했던 날들을 펼쳐 봅니다.

모든 순간이 사랑이었습니다.

목차

추천사 강소영 작가님을 자랑합니다 008
프롤로그 나의 부모를 자랑합니다 012

CHAPTER. 1 잘생긴 갑천 씨

갑천 씨가 죽었다 020
운전은 내 운명 026
가난한 연인 032
초라한 결혼식일지라도 039
명절 풍경 044
지폐로 만든 집 049
소소한 다행 커다란 불행 055
첫 번째 수술 060
병원 생활 그리고 작별 066

CHAPTER. 2 단정한 혜옥 씨

남편이 죽었다 074
시작이 시련으로 080
딸 가진 죄인 085
딱 너 같은 딸 낳아라 090
이혼만은 안 된다 096
엄마도 엄마가 보고 싶어 101
두 여자의 무해한 우정 106
책 읽는 혜옥 씨의 말들 110
아빠에겐 네가 꽃 115

CHAPTER. 3 갑천 씨와 혜옥 씨의 딸

아빠가 죽었다 122

장례식장의 남자들 125

4월의 신부 130

여름의 김밥 135

불금의 혼술 140

혜화역에는 대학로만 있는 게 아니다 145

요양보호사의 '사'는 150

엄마, 단둘이 여행갈까? 155

'허공'과 '은파' 사이 160

제사 지내지 말자 166

마흔여섯 번의 봄 171

다시, 愛 쓰는 마음 175

에필로그 사랑이라는 시절 180
딸에게 보내는 혜옥씨의 편지 183

CHAPTER. 1

잘생긴 갑천 씨

갑천 씨가 죽었다

갑천 씨가 죽었다.

향년 46세, 병명은 뇌종양. 1999년 5월의 비 내리는 밤이었다.

한국 전쟁 중이던 1952년 이른 봄, 갑천 씨는 전라남도 영암에서 태어났다. 전쟁을 전후로 무수한 아이가 태어나고 죽었다. 기고 앉고 서고 걸어도 고열 한 번이면 숨이 끊어지는 일이 비일비재했다. 그런 까닭에 당시의 부모들은 자식의 숨이 확실히 붙어 있음을 확인한 후에야 때늦은 출생신고를 하곤 했다. 1952년생 용띠 갑천 씨는

1953년생으로 출생 등록되었다.

 갑천 씨의 아버지는 평범한 촌부(村夫)였다. 바지런한 농사꾼도 성실한 남편도 자상한 아비도 아니었다. 갑천 씨의 아버지는 눈이 크고 코가 오똑했다. 크지 않은 키에 다부진 체격은 호남(湖南)의 호남(好男)이었다. 다섯 아들 중 갑천 씨가 아버지를 가장 많이 닮았다고들 했다. 그 말을 들을 때마다 갑천 씨는 좋지도 싫지도 않았다. 아버지를 닮았다는 게 갑천 씨에게는 무의미했다.

 갑천 씨의 생모는 병으로 일찍 죽었다. 갑천 씨는 벽에 걸린 액자 속 흑백 사진 하나로 어머니를 기억했다. 갑천 씨에게 남은 손길도 온기도 없었다. 가난한 집의 촌부(村婦)에게 자식들을 일일이 보듬을 모성은 허락되지 않았다. 어머니에 대한 그리움은 돋아나기도 전에 사그라들었고 서서히 사라졌다.

 갑천 씨의 아버지는 갑천 씨의 생모가 소천하자 이내 새로운 여자를 들였다. 새장가든 헌 장가든 그 시대 남자에게는 흠 될 것이 전혀 없었다. 새어머니는 딸을 낳았다. 6남매의 넷째였던 갑천 씨는 5남 2녀 중 딱 중간이 되었다.

키가 크고 마른 큰형, 다부진 체형의 작은형과는 나이 차가 많이 났다. 큰형은 학교를 멀리하고 술과 담배를 가까이했다. 충혈된 눈으로 집에 들어왔고 그마저도 들어오지 않는 밤이 많았다. 큰형은 동생들에게 손찌검하고 집 안의 물건을 부수었다. 작은형은 동생들 앞에서 종종 큰형을 욕했다. 작은형은 자신이 장남 역할을 해야 한다는 의무감에 열심히 공부했다. 먼 친척의 추천으로 한국전력에 취직해 집을 떠났다.

갑천 씨의 누나는 조용하고 수더분한 성격이었다. 중매로 부잣집에 시집을 갔다. 서울 사는 공무원 남자가 갑천 씨의 매형이 되었다. 갑천 씨는 하나뿐인 누나를 좋아했다. 시집간 누나를 자주 볼 수 없어 아쉬웠지만, 누이가 손에 들려주는 용돈은 달콤했다. 고향에 온 누나가 입은 이름 모를 동물의 보드라운 털로 만든 코트에서는 좋은 냄새가 났다.

갑천 씨 바로 아래 동생은 큰형과 비슷한 길을 따라갔다. 학교에 가지 않았고 술과 담배를 가까이했다. 집에 들어오지 않았으며 경찰서를 드나들었다. 갑천 씨는 형 노릇을 하고 싶었지만, 어딘가 익숙한 동생의 눈빛을 마주하면 아무 말도 할 수 없었다. 동생은 말이 없었다. 닫힌 입을 벌릴 때는 소주잔을 들이켤 때와 불붙인 담배를 물 때뿐이었다. 막냇동생은 돈을 벌어 오겠다는 쪽지 한 장을 남겨 둔 채 부산으로 떠났다. 그 후 연락이 없었다. 새어머니가 낳은 막내 여동생은 갑천 씨를 잘 따랐다. 갑천 씨는 여동생에게 딱지를 접어 주고 함께 구슬을 치며 놀았다. 그렇다고 애틋한 정이 깊고 짙게 생기지는 않았다.

갑천 씨는 학교가 좋았다

아침 일찍 일어나 먼 길을 걸어 등교했다. 친구들과 함께하는 하루하루가 즐거웠다. 공부도 재미있었다. 갑천 씨는 배우는 속도가 빠른 편이었다.

책상에 바르게 앉아 책을 펼치는 자체만으로 대단한 사람이 된 것 같았다. 셈하는 법을 익히는 일은 신기했다. 체육 시간이면 신바람이 났다. 변변치 않은 공 하나를 따라 날 듯이 달리고 나면, 그 나이대의 소년이 씨름하던 시름도 사라졌다.

"갑천아, 우리 축구하러 가자."
"갑천아, 노래 한 곡 불러 봐라."

갑천 씨는 친구들에게 인기가 많았다. 운동도 잘하고 말도 재미있게 하는 그를 모두가 좋아했다. 갑천 씨의 말 한마디에 모두 웃었고, 노래 한 곡조에 박수가 절로 나왔다.

선생님들도 갑천 씨를 좋아했다. 갑천 씨는 수업 시간에 가장 먼저 손을 들어 발표하는 학생이었다. 숙제를 잊는 법도 없었다. 쉬는 시간에 갑천 씨가 복도를 지나가면, 선생님들은 갑천 씨의 까슬한 머리를 쓰다듬었다.

6학년을 마감하는 계절의 끝자락이었다. 진학 상담이 있는 날, 갑천 씨의 아버지가 학교에 왔다. 잿빛 두루마기 차림이었다. 포마드 기름으로 머리를 단정히 하고 하얀 셔츠와 감색 양복을 입은 담임이 갑천 씨의 아버지를 마중했다. 두 사람이 교무실로 들어가고 갑천 씨는 복도에 남았다.

바닥의 나무판 개수를 눈으로 세고, 발끝으로 선을 그으며 한참을 기다렸다. 굳게 닫힌 문 사이로 어떤 소리도 새어 나오지 않았다. 갑천 씨는 마음속으로 빌고 빌었다.

'제발, 제발 우리 선생님이 아버지를 이기게 해 주세요.'

잠시 후, 교무실 문이 열렸다. 먼저 나온 아버지는 아들인 갑천 씨에게 눈길조차 주지 않았다. 긴 복도를 저만치 앞장서 걸어갔다. 뒤따라 담임이 교무실에서 나왔다.

"선생님, 아버지가 뭐라고 했습니까? 저, 중학교 갈 수 있는 거죠? 네?"

담임은 말없이 갑천 씨의 큰 눈을 바라보았다. 갑천 씨의 까슬한 머리를 평소보다 조금 더 부드러운 손길로 천천히 오래 쓰다듬었다.

갑천 씨는 중학교에 가지 못했다.

운전은 내 운명

갑천 씨는 중학생이 되고 싶었다.

까까머리에 교복을 입고 입학식을 하고 싶었다. 여름이면 운동장에서 뛰어놀다가 수돗가에서 등목을 하고 싶었다. 가을이면 운동회를 하고, 겨울이면 난로 위에 올려둔 양은 도시락을 까먹고 싶었다. 몸을 쓰며 쌓아 가는 사내들의 우정을 맛보고 싶었다. 그러나 갑천 씨에게는 허락되지 않은 학창 시절이었다.

갑천 씨는 몇 날 며칠 동안 아버지를 설득했다. 학교 때문에 집안 살림을 축내지 않겠다고, 어떻게든 틈틈이 돈을 벌겠다고 했다. 옷은 물려 입고 책은 빌려 읽겠다고 했다. 갑천 씨는 빌고 빌었다. 갑천 씨의 아버지는 아들을 향해 비질하던 손길을 내둘렀다. 갑천 씨의 새어머니는 아무 말이 없었다. 힘없는 눈으로 소란한 마당을 한참 보다가 조용히 방문을 닫았다. 어서 키가 커지고 힘이 세어지길. 빨리 어른이 되길. 그래서 언젠가 이곳을 떠날 수 있길, 갑천 씨는 바라고 또 바랐다.

갑천 씨는 작은형의 추천으로 한국전력에 취직했다. 국졸 학력의 소년 노동자에게 주어진 업무가 막중하고 복잡하고 어려울 리 없었다. 편하고 안전하고 위생적일 리도 없었다.

공장의 단순노동 작업은 금세 손에 익었다. 하지만 똑같이 흘러가는 매일매일에 숨이 막혔다. 낙하산으로 들어온 말단 직원을 향한 뒷말이 이어졌다. 하루가 멀게 따가운 눈총이 세게 날아와 아프게 박혔다. 아침 일찍 출근해서 온갖 허드렛일을 했다. 온종일 눈칫밥을 먹다가 밤늦게 돌아와 쓰러지듯 잠드는 일상에 지쳐 갔다.

얄팍한 월급봉투의 기쁨은 찰나였다. 승진이나 미래에 대한 의심이 끝도 없이 차올랐다. 누군가의 응원과 격려를 바라지도, 바랄 수도 없었다. 여기만 아니라면 어디든 괜찮을 것 같았다.

갑천 씨는 자유롭게 날고 싶었다. 한곳에 자리해 반복되는 일상에서 벗어나는 일을 하고 싶었다. 여기저기 돌아다니는 여행 같은 삶을 꿈꿨다. 새처럼 날 수는 없겠지만 바람처럼 달릴 수는 있을 것 같았다.

"어이, 운전 한번 해 볼래?"

매일 공장에 들러 알게 된 형이었다. 갑천 씨는 선망의 눈으로 형의 트럭을 바라보는 중이었다. 형은 퍼렇고 크고 낡은 트럭 앞에 섰다. 갑천 씨에게 이리 오라고 손짓하며 이를 드러내 보이며 웃었다.

갑천 씨는 난생처음 운전석에 앉았다. 자동차 키를 꽂고 오른쪽으로 돌렸다. '부릉' 하는 큰 소리와 떨림이 온몸을 통과했다. "왼발은 이렇게. 오른발은 이렇게 밟아 봐." 형이 일러 주는 대로 발을 붙였다가 뗐다. 트럭은 어느새 속도를 높여 달리고 있었다. 사람들이 작게 보였고 풍경들은 현실감 없이 빠르게 지나갔다. 갑천 씨는 단번에 마음을 빼앗겼다.

운전 면허 시험에 도전했고 단박에 붙었다. 운전을 가르쳐 준 형의 추천으로 갑천 씨는 운수회사에 취직했다. 갑천 씨는 말귀를 잘 알아듣고 몸을 잘 쓸 줄 알았다. 이제 직장 선배가 된 형은 갑천 씨를 조수석에 태우고 다니며 일을 가르쳐 주었다. 그의 밑에서 일하고 일당을 받았다.

 화물차는 일반 자동차보다 크고 높기에 더 세심하게 신경을 써야 했다. 때로는 거칠게, 때로는 부드럽게 핸들을 움직이고 발을 붙였다가 떼야 했다. 트럭에 짐을 싣고 내리는 상하차 요령도 배웠다. 무거운 것을 아래로, 가벼운 것을 위로 보냈다. 모양이 일정하지 않은 짐은 블록 쌓듯이 구석구석에 잘 실어야 했다. 얼마 후 갑천 씨는 혼자서 트럭을 몰 수 있게 되었다.

 운전은 갑천 씨의 적성에 잘 맞았다. 1톤 트럭을 몰고 이 골목 저 골목 다니는 일이 즐거웠다. 갑천 씨만 아는 지름길이 늘어 갔다. 새로운 길을 발견하는 쾌감이 있었다.
 이삿짐, 가스통, 연탄 등 뭐든 싣고 달리고 내리고 또 달렸다. 새벽 깡 시장에서 배추와 무를 실어 날랐다. 수산 시장에서 생선을 싣고 배달했다.

온종일 운전대를 잡는 일은 쉽지 않았지만, 다른 일이 아쉽지는 않았다. 좋아하는 술도 못 마시고 화장실을 편히 들락거릴 수도 없지만, 갑천 씨는 눈치 볼 것 없는 이 생활이 편하고 좋았다. 타인에 의해 좌지우지되지 않는 삶이 만족스러웠다.

갑천 씨는 성실한 트럭 운전사였다

일 년 365일 가운데 363일을 달렸다. 매일 새벽 가장 먼저 나와 담뱃불을 붙이며 하루를 밝혔다. 시간 약속을 어긴 적이 없고, 일이 굼뜬 법도 없었다.

거래처 사장들과 시장 상인들은 일 잘하고 말 잘하고 유쾌한 성격의 갑천 씨를 좋아했다. 상인들은 갑천 씨에게 간식과 커피를 건넸다. 다른 기사들처럼 술이나 도박으로 일당을 탕진하는 일도 없었다. 갑천 씨의 낡고 커다란 트럭은 시동이 꺼진 적이 거의 없었다.

하루 벌어 하루 먹고 살았다. 갑천 씨는 틈틈이 지폐를 모았다. 남들 주머니에서 나온 때 묻고 구겨진 천 원, 오천 원, 만 원짜리가 쌓여 갔다. 진짜 내 차로 큰 걱정 없이 평생 먹고사는 꿈도 쌓여 갔다.

몇 번의 중고 트럭을 거친 후, 갑천 씨는 K사의 파란색 신형 1톤 트럭을 샀다. '갑천 용달' 네 글자가 닳을세라, 손으로 제대로 쓰다듬지도 못했다. 편육 한 접시와 막걸리를 준비해 절을 하며 고사를 지냈다. 바퀴 네 개에 돌아가며 술을 뿌렸다. 두 손 모아 빌고 빌었다.

'사고 없이 운전하게 해 주세요.'
'노력한 만큼 돈 벌고 살게 해 주세요.'
'그리고, 행복한 가정을 이루게 해 주세요.'

 태어나서 처음으로 가져보는 내 것이었다. 설레어 잠 못 드는 밤이 깊어만 갔다.

가난한 연인

 갑천 씨가 혜옥 씨를 처음 만난 곳은 인천의 작은 회사였다. 충청도가 고향인 혜옥 씨는 인천으로 올라와 여상을 졸업하고 그 회사의 경리로 근무하고 있었다. 갑천 씨는 그 회사의 부품을 배달하며 거의 매일 오갔다. 갑천 씨와 혜옥 씨는 매일 잠깐씩 마주쳤다.

"여기 커피 드세요."
"아 네, 잘 마시겠습니다. 와, 오늘 커피 정말 맛있네요."
"……."

혜옥 씨가 커피 믹스를 타서 건네는 종이컵을 받을 때마다, 갑천 씨는 웃으며 말을 걸었다. 하지만 혜옥 씨는 눈길 한 번 주지 않았다. 갑천 씨는 계속 말을 걸고 싶었지만 그만두고, 아쉬운 발걸음을 돌리곤 했다.

갑천 씨는 생각했다. 만약 결혼이란 걸 하게 된다면 일찍 하고 싶다고. 이왕이면 조용하고 참한 여자를 만나고 싶다고. 아들 하나 딸 하나, 자식 둘을 낳고 싶다고. 자신은 밖에 나가 돈 벌고 아내는 집안을 돌보며 남들처럼 평범하게 살고 싶었다.

갑천 씨는 가끔 마주치는 혜옥 씨를 떠올렸다. 갑천 씨 생각에 혜옥 씨는 조용하고 참한 성격인 것 같았다. 하얀 얼굴에 쌍꺼풀 없는 수수한 인상도 나쁘지 않았다. 주판알을 빠르게 튕기는 손가락은 계산기만큼이나 빨랐다.

경리 일을 할 정도면 중학교도 가지 못한 자신보다 아는 게 많지 않을까? 그만큼 똑똑하지 않을까? 아이를 낳는다면 잘 키우고 잘 가르칠 수 있지 않을까?

혜옥 씨와 함께 가정을 꾸리고 싶은 갑천 씨의 꿈이 점점 커졌다. 부푼 마음을 부여잡는 밤이 깊어만 갔다.

"오늘도 커피 잘 마셨습니다."

"……."

"저, 혜옥 씨, 오늘 몇 시에 퇴근하세요?"

"……."

갑천 씨는 혜옥 씨가 건넨 커피를 마시며 용기를 냈다. 갑천 씨의 질문에 혜옥 씨가 고개를 들었다. 두 사람의 눈이 마주쳤고 갑천 씨는 혜옥 씨의 손을 잡았다. 혜옥 씨는 잡힌 손을 빼려 했지만, 갑천 씨는 혜옥 씨 손을 꼭 잡고 놓지 않았다. 혜옥 씨는 이내 잡힌 손을 그대로 두었다. 그날 저녁 혜옥 씨는 갑천 씨의 트럭 옆자리에 올라타 퇴근했다.

혜옥 씨도 갑천 씨가 싫지 않았다. 잘생긴 외모와 다부진 체격을 지닌 갑천 씨에게 자꾸 눈길이 갔다. 갑천 씨가 혜옥 씨의 사무실에 올 시간이 되면, 혜옥 씨는 거울을 보며 옷매무새를 다듬곤 했다. 커피가 담긴 종이컵을 갑천 씨에게 건넬 때마다, 손이 떨릴까 봐 조마조마했다. 다른 직원들과 이야기를 나누는 갑천 씨 모습을 멀리서 몰래 바라보기도 했다. 이를 보이며 환하게 웃는 미소는 남자다워 보였다. 혜옥 씨에게는 없는 활발한 성격은 매력적이었다. 다른 사람들이 갑천 씨의 성실함을 칭찬하는 소리를 들으며, 혜옥 씨는 혼자 웃었다. 갑천 씨와 혼인해 하루빨리 집에서 독립하는 상상도 했다.

갑천 씨와 혜옥 씨는 가난한 연인이었다

두 사람은 최대한 돈이 덜 드는 데이트를 했다. 갑천 씨의 용달차를 타고 여기저기 다녔다. 값싼 식당을 찾고 마냥 걷는 것이 전부일 때도 많았다. 그러나 서로를 향한 감정과 열정만큼은 뜨겁고 순수했다. 서로에게 기대어 미래를 약속하기까지 오랜 시간이 필요하지 않았다.

갑천 씨가 혜옥 씨의 부모님에게 인사를 드리기로 한 날. 처음 만난 혜옥 씨의 아버지는 혜옥 씨에게 듣던 대로였다. 꼬장꼬장한 인상은 호랑이를 연상하게 했다. 마른 체격에서 신경질과 예민함이 느껴졌다. 날카로운 눈매는 사람을 뼛속까지 들여다보는 것 같았다. 갑천 씨는 넙죽 절부터 올렸다.

"자네 학교는 어디까지 나왔나? 양친은 살아 계시고?"
"국민학교 졸업했습니다. 낳아 주신 어머니는 어릴 적에 돌아가셨습니다."
"고향은 어딘가?"

"전남 영암입니다."
"……."

혜옥 씨의 아버지는 더 이상 아무것도 묻지 않았다. 반대의 침묵은 완강했고 매서운 눈길이 화살처럼 날아와 박혔다. 말 잘하고 넉살 좋고 성격 좋은 갑천 씨였지만 아무 말도 할 수 없었다.

갑천 씨는 혜옥 씨를 곁눈으로 보았다. 혜옥 씨는 고개를 숙이고 어깨를 움츠린 채 옆에 앉아 있었다. 덩달아 고개가 접힌 갑천 씨는 혜옥 씨를 흘낏거리다가 혜옥 씨의 부모님을 봤다가 다시 고개를 숙였다. '무슨 말을 해야 하나, 이대로 그냥 나가야 하나.'

그때였다.

"여기까지 왔는데, 밥 한 끼 먹고 가요."

그림처럼 앉아 있던 혜옥 씨 어머니의 한마디가 얼어붙은 갑천 씨를 서서히 녹여 주었다. 된장찌개와 나물 반찬, 김치가 올려진 소박한 저녁상이 차려졌다. 혜옥 씨 아버지의 뾰족한 눈길에 갑천 씨는 밥이 어디로 들어가는지 모를 지경이었다. 그나마 혜옥 씨 어머니의 모나지 않은 눈빛은 다행이었다. 음식이 코로 넘어가고, 긴장이 귀로 넘어가는 저녁상을 물렸다.

"그럼, 안녕히 계십시오. 또 찾아뵙겠습니다."
"……."
"조심히 가요."

무언의 거부와 살가운 작별이었다. 갑천 씨는 대문 밖으로 나와 제대로 신지 못한 신발을 고쳐 신었다. 혜옥 씨가 따라 나왔다. 눈에 물기가 어린 혜옥 씨는 아무 말도 하지 못하고 갑천 씨 옆에 와서 가만히 섰다.

"추운데 뭐 하러 나왔어? 어서 들어가."
"……."
"괜찮아. 반대하실 줄 알았는데 뭐. 나는 괜찮으니까 걱정하지 마."
"미안해요."

혜옥 씨의 눈물이 바닥으로 뚝 떨어졌다. 갑천 씨는 혜옥 씨의 어깨를 말없이 바라보았다. 작은 어깨가 한참 들썩였다. 갑천 씨는 용달차의 조수석 문을 열었다. 여전히 울고 있는 혜옥 씨를 옆자리에 태우고 시동을 걸었다. 어디로 갈지, 앞으로 어떻게 해야 할지, 가난한 연인은 아무것도 알지 못했다.

그날 밤 혜옥 씨는 집에 들어가지 않았다.

초라한 결혼식일지라도

 갑천 씨는 혜옥 씨와 백년가약을 맺고 싶었다. 혼인 신고만 하고 살 수도 있었다. 주변에 그런 지인들도 있었다. 하지만 갑천 씨는 식을 올리고 싶었다. 혜옥 씨를 위해서 꼭 그래야만 할 것 같았다.

 근사한 식장에서 결혼식을 하고 싶었다. 양복을 입고 넥타이를 맨 신랑이 되어 씩씩하게 입장하고 싶었다. 하얀 웨딩드레스를 입고 한 걸음 한 걸음 자신을 향해 오는 신부를 보고 싶었다. 하지만 남녀가 만나 서로 사랑하고 부부가 되는 일에도 돈이 필요했다. 해야 할 일과 하고 싶은 일 모두 비용이 들었다. 경제적으로 도움받을 부모

형제도, 친구나 직장 동료도 없었다.

"저기 있잖아. 식을 못 올릴 수도 있어. 제대로 된 반지 하나도 끼워 주지 못할 거야. 코딱지만 한 방 한 칸에서 살림을 시작할 수밖에 없어. 그래도 괜찮겠어?"
"……."

갑천 씨의 말에 혜옥 씨는 말없이 고개를 끄덕였다.

혜옥 씨의 아버지는 노발대발했다. 혜옥 씨의 손을 잡고 집 안으로 들어서는 갑천 씨를 보자마자 멱살부터 잡았다. 그의 깡마른 몸이 불같이 달아올랐다. 두 발을 동동 구르고 화를 뿜으며 언성을 높였다.

식도 없이 작은 방 한 칸에서 시작하겠다는 갑천 씨의 말에, 천둥 같은 고함이 들려왔다. 멱살을 잡았던 두 손이, 이제는 갑천 씨를 마구 때리기 시작했다. 갑천 씨는 말없이 고개를 숙였다. 장인이 될 어른의 연약한 주먹을 피하지 않고 맞았다.

혜옥 씨는 울면서 아버지를 말렸다. 장모가 될 어른은 입을 가리고 울었다. 한동안 주먹을 휘두르던 혜옥 씨의 아버지가 바닥에 주저앉았다. 혜옥 씨도 스러지듯 주저앉아 흐느꼈다. 혜옥 씨 어머니도 주저앉아 혜옥 씨의 등을 쓰다듬었다. 갑천 씨만이 조용히 고개를 숙이고 오래 서 있었다.

갑천 씨와 혜옥 씨는 오래지 않아 날을 잡았다. 번듯한 예식장은 꿈도 못 꾸었다. 그러던 차에, 보건소 옆에 가난한 연인들을 위한 작은 식장이 있다는 것을 알게 되었다. 동네 유지 몇몇이 돌아가며 주례를 섰고, 신랑 신부를 위한 양복과 드레스를 빌려 입을 수 있었다. 잴 것도 없이 그곳으로 결정했다.

갑천 씨와 혜옥 씨의 결혼식, 늦은 겨울과 이른 봄 사이였다

양가 친척들이 식장에 들어왔다. 무심한 눈빛으로 부실한 의자들에 자리했다. 결혼식이 시작되었다. 양복을 입고 넥타이를 맨 신랑 갑천 씨가 씩씩하게 걸었다. 새하얀 드레스를 입은 신부 혜옥 씨가 아버지의 손을 잡고 섰다. 조용한 음악에 맞추어 천천히 발걸음을 옮겼다.

혜옥 씨의 손을 잡은 장인은 둘째 사위 갑천 씨에게 눈길 한 번 주지 않았다. 갑천 씨는 깊이 고개 숙여 장인에

게 인사하고, 혜옥 씨의 손을 건네받았다. 갑천 씨의 아버지와 새어머니가 신랑 측에 자리했다. 장모는 한복 옷고름으로 눈가를 찍었다. 주례자는 기계적으로 외운 주례사를 건조한 톤으로 읊었다. 신랑 신부의 행진과 단체 사진으로 결혼식이 끝났다.

식을 마친 후, 갑천 씨는 혜옥 씨를 용달차에 태우고 월미도로 향했다. 혜옥 씨의 진달래 빛 한복 치마가 바람에 흩날렸다. 추위를 잘 타는 혜옥 씨가 오들오들 떨었다. 갑천 씨가 혜옥 씨 어깨에 두른 하얀 숄을 단단히 매어주고, 흩날리는 혜옥 씨의 머리카락을 매만지며 말했다.

"호강시켜 주겠다고는 못 하겠다. 그냥 열심히만 살자. 아들 낳고 딸 낳고 평범하게 살자."
"……."

혜옥 씨는 말없이 고개를 끄덕였다. 2월의 바람이 매섭게 불었다. 혜옥 씨의 볼이 진달래 빛으로 물들었다.

가난한 연인은 가난한 신혼부부가 되었다. 스물여섯 새신랑과 스물하나 새댁이었다. 두 사람은 작은 슈퍼에 딸린 방 한 칸에서 신혼 생활을 시작했다. 갑천 씨는 아침 일찍 집을 나서 온종일 용달차를 몰고 저녁 늦게 돌아왔다. 혜옥 씨는 직장을 그만두었다. 집안일을 하고 저녁상을 차려 놓고 갑천 씨를 마중했다. 이듬해 봄, 갑천 씨를 닮은 딸이 태어났다. 그리고 삼 년 후 봄, 혜옥 씨를 닮은 아들이 태어났다.

명절 풍경

갑천 씨는 일 년 365일 중 단 이틀만 쉬었다. 설날과 추석이었다. 명절 전날에도 갑천 씨는 일을 했다. 혜옥 씨는 남매를 데리고 1호선 국철에 올라탔다. '노량진 용산 남영, 노량진 용산 남영…….' 내리는 역을 놓칠세라, 혜옥 씨는 몇 번이고 되뇌었다. 국철에 오른 지 한 시간쯤 후 남영역에서 내렸다. 갑천 씨의 둘째 형 집에 가는 길이었다. 쪽지에 적은 주소와 약도를 손에 들고 끝도 없는 언덕길을 올랐다. 일 년에 서너 번 오는데도 늘 헷갈렸다.

그 길이 그 길 같고 그 대문이 그 대문 같았다. 남매의 손을 잡고 오르고 오르는 동안, 땀이 흐르고 흘렀다. 어린 딸은 어린 동생의 손을 놓지 않았다. 혜옥 씨는 아이들의 모습에 힘을 냈다.

 갑천 씨 둘째 형 집에서 제사와 차례를 지냈다. 여자 어른들은 전을 부치고, 나물을 무치고, 국을 끓였다. 아이들은 집 안에서 놀다가 바깥에 나가 뛰어놀았다. 허기진 아이들은 맛있는 냄새가 진동하는 집 안으로 들어와 먹을 것을 찾았다. 혜옥 씨는 모양이 예쁘지 않은 동그랑땡과 부스러진 두부전을 아이들 입에 넣어 주었다.

 명절 음식을 준비하다 보면 하루가 금방 갔다. 혜옥 씨는 저녁상을 치우고 작은 방에서 잠자리에 들었다. 아이들은 저들 사촌 언니의 다락방에서 늦게까지 떠들다가 잠이 들었다. 명절 준비를 하느라 혜옥 씨와 아이들이 집을 비운 사이, 갑천 씨는 아무도 없는 집으로 들어왔다. 지친 몸을 누이고 텔레비전을 틀어 놓고 잠이 들었다. 일 년에 이틀, 자명종 없이 잠드는 첫 번째 밤이었다.

 명절 당일 아침, 갑천 씨는 둘째 형 집으로 향했다. 부엌에 있는 혜옥 씨를 한 번 쓱 보고는 아이들을 찾아 볼을 비비고 입을 맞췄다. 일찍 오지 그랬냐는 둘째 형수의 잔소리를 너털웃음으로 덮었다. 날밤 하나를 집어 오도록 씹어 먹다가 형수에게 등짝을 맞았다.

 여자들이 차례상을 차리면 남자들이 모여 절을 했다. 여자들이 다시 상을 차려 내면 다 같이 모여 늦은 아침을 먹었다. 커다란 양푼에 밥과 나물과 참기름을 넣고 김을 부셔서 넣어 비빈 비빔밥은 인기 만점이었다. 다들 두 그릇씩 먹었다.

 상을 물리고 나면, 둘째 형수의 주도하에 고스톱판이 벌어졌다. 갑천 씨는 구석에 놓인 목침을 베고 누워 코를 골며 잠을 잤다. 혜옥 씨는 과일을 깎아 고스톱 자리 곁에 놓아두고, 작은 방에서 꾸벅 졸았다. 아이들은 집 안에서 놀다가 밖으로 나가 놀았다.

 갑천 씨가 한숨 자고 일어나면 집에 갈 시간이었다. 싸 주는 차례 음식을 들고 네 식구가 용달차에 올라탔다. 근처에 사는 갑천 씨 누나 집에 들렀다. 갑천 씨와 혜옥 씨의 딸이 치는 피아노 연주를 들으며 과일을 먹었다. 저녁까지 먹고 가라는 누나의 성화에 갑천 씨는 다음에 오겠다고 인사를 하고 갈 길을 재촉했다.

 명절날 저녁은 혜옥 씨의 집에 가서 먹었다. 갑천 씨를 보는 장인의 눈길은 여전히 매섭고 차가웠지만, 외손주들에게만큼 따뜻한 봄 햇살 같았다. 장모가 차려 주는 저녁상을 받았다. 갑천 씨가 한 그릇을 비우고 더 달라고 하면 장모의 입가에 주름진 웃음이 번졌다. 저녁상을 물리고 과일을 먹었다.

처가의 명절 음식들을 받아 들고 근처에 사는 갑천 씨의 큰형수 집으로 향했다. 술과 노름을 즐기던 큰형은 젊은 생을 마감했다. 갑천 씨 내외에게는 둘째 형수보다 큰형수가 좀 더 편하게 느껴졌다. 큰형수가 내오는 과일과 전을 먹으며 씨름 중계를 보고 일어섰다. 드디어 집으로 가는 길, 갑천 씨의 용달차는 네 식구가 함께 타기에 점점 좁아졌다.

"이제 집에 가자. 오늘 쉬느라 아빠가 돈 못 벌었네."
"괜찮아, 오늘 우리가 많이 벌었으니까 아빠 걱정하지 마."
"외할머니 집에 좀 일찍 가면 안 돼? 그 부자 할아버지 계실 때 가면 용돈 더 많이 받을 수 있을 텐데. 응? 그러면 안 돼?"

남매의 수다가 시들해지더니 어느새 스르르 잠이 들었

다. 갑천 씨는 딸을, 혜옥 씨는 아들을 안아 뉘었다. 명절 음식 봉지들을 정리하고 한숨을 돌렸다. 긴 명절 하루를 닫는 밤이었다.

남매는 어느새 명절 전날 따라나서지 않는 나이가 되었다. 혜옥 씨 혼자서 둘째 형님 댁 언덕길을 올랐고, 명절 음식 장만을 했다. 남매는 집에서 갑천 씨를 기다렸다. 평소보다 일찍 귀가한 갑천 씨는 남매를 용달차에 태우고 신포시장으로 갔다. 매년 들르는 분식집에 들어갔다.

"먹고 싶은 거 다 시켜."
"나는 가락국수랑 순대. 떡볶이도 먹고 싶어."
"나는 어묵도 먹고 싶어. 국 말고 꼬치에 낀 모양 그대로."
"그래, 다 시키자. 다 먹고 더 먹고 싶으면 또 사 줄게."

가락국수, 순대, 떡볶이, 어묵으로 식탁이 가득 찼다. 한창 먹을 나이의 남매는 코를 박고 먹었다. 만 원 남짓으로 모두가 배부른 한 끼였다. 일 년에 두 번, 셋이 함께하는 저녁이었다. 집에 돌아와 남매는 명절 특선 영화들을 보다가 늦게 잠들었다. 갑천 씨는 일찌감치 코를 골았다. 일 년에 이틀, 자명종 없이 잠드는 두번째 밤이었다.

지폐로 만든 집

 갑천 씨는 성실했다. 신혼여행 때 했던 약속을 지키며 살았다. 남들처럼 호강시켜 주진 못해도 열심히 살았다. 새벽의 별을 보며 대문을 나섰고, 밤공기를 맡으며 들어왔다.

 혜옥 씨는 알뜰했다. 갑천 씨가 벌어 오는 돈을 살뜰하게 모았다. 구겨지고 찢어진 지폐 한 장 한 장이 소중했다. 갑천 씨 혼자 벌이로는 네 식구 살기에 빠듯했지만, 혜옥 씨가 직장을 다닐 수도 없었다. 갑천 씨는 남매가 집에 오면 혜옥 씨가 집에서 맞이해 주기를 바랐다. 혜옥 씨도 동의했다. 대신 집에서 할 수 있는 소일거리를 찾아서 했다. 혜옥 씨는 손끝이 야무졌다.

 동네 점방에 딸린 단칸방이 갑천 씨와 혜옥 씨의 신혼집이었다. 그러다가 거실 하나를 두고 각각의 방 세 개에 세 가구가 살던 이층집을 거쳐, 방 두 개에 화장실 하나, 연탄불 아궁이가 있는 13평 주공 아파트로 이사했다. 때 묻은 지폐들은 딸의 책상과 피아노가 되었다. 88서울올림픽 선수촌 숙소에서 사용했다는 소파를 헐값에 들였다.

 소파 놓을 구석도 버거워 발 디딜 틈이 없어질 즈음, 혜옥 씨는 동네 지인들을 따라 신축 아파트 모델 하우스에 드나들기 시작했다. 부동산 중개인들의 이야기에 귀를 기울였다. 집에는 아파트 홍보 전단이며 팸플릿이 쌓여 갔다. 아이들은 아파트 평면도를 펼쳐 사인펜으로 그림을 그려 물건을 배치하며 깔깔댔다. 혜옥 씨는 그 곁에서 주판알을 튕겼다.

 "소영 아빠, 우리 새 아파트로 이사 갑시다."
 "새 아파트? 아파트는 엄청 비쌀 텐데. 돈이 어디 있어서?"
 "지금 그 돈 다 없어도 갈 수 있답니다. 갑시다."

갑천 씨는 의아했다. 지금 당장 돈이 없는데도 집을 살 수 있다는 말을 처음에는 믿지 않았다. 하지만 조용하던 혜옥 씨의 말투가 단단해졌음을 느꼈다.

 혜옥 씨의 눈이 빛나고 있음을 보았다. 아무려면 본인보다 많이 배운 혜옥 씨 아닌가. 숫자에 관해서는 묻지도 따지지도 않고 혜옥 씨를 믿어 왔다. 갑천 씨는 혜옥 씨의 결정에 따르기로 했다. 갑천 씨는 24평 아파트 계약서에 사인했다. 갑천 씨의 무관심 비슷한 협조와 혜옥 씨가 귀동냥한 정보력, 그리고 1980년대 부동산 시장의 광풍에 올라탄 덕분이었다. 실은 혜옥 씨의 작품이었다. 결혼 십이 년 만이었다.

 새 아파트로 이사하는 날은 남매의 여름 방학식 날이기도 했다. 갑천 씨는 운수회사 동료들과 장성한 조카들을 불렀다. 남자들은 가구와 피아노의 모서리를 낡은 담요로 감싸고 끈으로 단단하게 묶어 옮겼다. 혜옥 씨는 아이들을 챙기면서 주방 살림을 정리하고 이사를 도왔다.

 방 두 칸짜리 낡은 아파트에서 방 세 칸, 화장실 두 개짜리 새 아파트로 이사했다. 대충 짐을 정리하고 짜장면으로 이른 저녁을 먹었다. 정리가 덜 된 거실에 신문지를 깔고 배달된 짜장면 그릇의 랩을 뜯자마자 초인종이 울렸다. 새집의 첫 방문객은 이사를 도우러 낮에 왔던 조카였다. 이삿날 전화도 연결하기 전이라 연락할 방법이 없어, 집에 도착하자마자 발걸음을 돌려 도로 왔다고 했다.

"무슨 일이야? 어떻게 다시 왔어?"
"연락이 안 돼서요. 삼촌, 할아버지가 돌아가셨어요."
"……."

갑천 씨를 중학교에 보내지 않았던, 따뜻한 말 한마디 건넬 줄 몰랐던 갑천씨의 아버지가 죽었다. 갑천 씨가 이사를 마치고 올 때까지 갑천 씨 둘째 형 집에서 쉬고 있기로 약속했는데, 말기 암의 노쇠한 아버지는 그 약속을 지킬 수 없었다. 갑천 씨는 오열했다. 부모 도움 없이 고아처럼 살았던 갑천 씨는 이제 정말 고아가 되었다.

아파트로 이사하고 새로운 동네에서 생활이 시작되었다. 갑천 씨 아버지의 장례를 치르자마자 혜옥 씨는 아기 돌보미 일을 구했다. 남의 아기를 돌보면서 내 아이들도 챙길 수 있었다. 아기의 이름은 제나였다. 제나의 부모는 각각 소방서와 종합병원에서 일했다. 아기 돌봄 월급을 밀린 적이 없었다. 두 살 터울로 태어난 제나 동생 예나도 혜옥 씨가 돌보았다. 남매는 아기들을 친동생처럼 아꼈다.

'33평으로 한 번만 더 갈아타면 딱 좋을 텐데.' 혜옥 씨는 생각했다. 남매를 독립시킨 뒤 갑천 씨와 둘이 여생을 보내기에 적당한 크기 같았다. 집에는 다시 신축 아파트 전단이 쌓이기 시작했다. 남매는 조금 더 커진 평면도를 펼쳐 놓고 시시덕거렸다. 중도금과 입주 날짜 조정 등의 이유로 네 식구는 낡은 아파트에서 수개월을, 혜옥 씨 친정에서 수 주일을 보냈다.

몇 년 후, 갑천 씨 가족은 신도시로 이사했다. 33평 새 아파트였다. 중고생 남매는 곧 고등학생과 대학생이 되었다. 제나 가족도 같은 동으로 이사했다. IMF 금융 위기로 나라가 시끄러웠다.

혜옥 씨는 아파트 대출금을 갚는 와중에도 딸의 대학 등록금을 밀리지 않았다. 딸은 학자금 대출이라는 말을 모르는 신입생이 되었다. 아파트 대출금도 거의 다 갚았다. 넉넉하진 않지만 이젠 조금은 숨을 돌릴 수 있게 되었다. 갑천 씨는 여전히 새벽에 나갔다가 밤에 들어왔다. 여전히 일 년에 단 이틀만 쉬었다.

"이제 좀 쉬면서 일하면 어때요."
"아직은 때가 아니야. 조금 더 일하고 나중에 쉴게."
"주말이라도 쉬어요. 요 앞에 산에 가서 약수라도 떠오고 해요."
"아직은 안 돼. 몇 년만 더 있으면 무사고 경력으로 개인택시 자격증을 딸 수 있어. 그때까지만 기다려 줘. 그러고 나면 쉬엄쉬엄 일할게."
"이제 나이도 있는데. 무리하지 말지."
"괜찮아. 걱정하지 마."

소소한 다행 커다란 불행

 남편 갑천 씨는 보수적이었다. 혜옥 씨가 외출하거나 늦는 일을 몹시 싫어했다. 갑천 씨는 제 새끼들이 학교에서 돌아오면 혜옥 씨가 집에서 마중하고 간식을 챙겨 주기를 바랐다. 혜옥 씨가 일을 시작할 때도, 갑천 씨는 남매를 소홀히 하지 않겠다는 조건을 붙였다. 동창회 참석이나 오랜 친구들과의 1박 여행은 꿈도 꾸지 못했다.

 혜옥 씨도 동의한 삶이었지만 늘 가슴 한구석에 아쉬움이 남아 있었다. 가 보지 못 한 길에 대한 호기심과 동경이 일었다. 갑천 씨에게 대놓고 티를 내지는 못하고, 가계부 아래에 일기처럼 남편 흉을 써 놓기도 했다. 하지만 어느 날 딸이 발견해서 읽는 것을 보고 그마저도 그만두었다.

갑천 씨는 식성이 까다로웠다. 맵고 짠 음식과 육류를 좋아했다. 밖에서 사 먹는 음식에 익숙해진 입맛은 혜옥 씨의 싱거운 손맛과 맞지 않았다. 갑천 씨는 혜옥 씨 반찬에 자주 불만을 토로했다. 저녁상이 마음에 들지 않으면, 밥을 물에 말아 젓갈 하나로만 후루룩 먹어 치웠다.

한번은 혜옥 씨가 파마를 했다. 불그스름한 색깔로 염색도 했다. 집에 들어온 갑천 씨는 혜옥 씨의 머리를 보자마자 미간을 찌푸렸다.

"머리가 그게 뭐야? 노는 여자들처럼!"
"미용실 여자가 싸게 해 준다고 해서 한번 해 봤어요. 동네 여자들은 이보다 더 요란한 색깔로 염색도 하고 파마도 해요."
"내일 당장 가서 원래대로 해 달라고 해."
"어떻게 그래요. 한동네에서 안 보고 살 사이도 아니고."
"그럼 내가 가서 할까! 말 안 들어?"

갑천 씨는 그대로 밥상을 뒤엎었다. 다음 날 저녁, 혜옥 씨는 원래 머리 색깔을 하고서 저녁상을 들였다. 갑천 씨는 말없이 밥을 먹다가 물에 말았다.

아빠 갑천 씨는 자상했다. 남매가 어릴 때나 컸을 때나 일찍 집을 나섰다. 센베이(전병) 과자 봉투나 전기구이 통닭을 들고 늦은 귀가를 했다. 아주 가끔 다 같이 시간을 보낼 때도 있었다.

가까운 송도 유원지에 가서 물놀이를 했다. 지인들과 가족 단위 캠핑을 가기도 했다. 남매의 입학식과 졸업식에는 참석하지 못했지만, 유치원 작품 전시회나 재롱 잔치에 꼴찌로 참석하기도 했다. 석가탄신일이면 조금 일찍 퇴근해 가까운 절에 가서 다 같이 절을 했다. 함께 둘러앉아 밥 먹을 시간도 잘 없었다. 어쩌다 간혹 다 같이 밥을 먹을 때면, 남매의 수다와 재롱이 갑천 씨의 반찬과 후식이 되었다. 갑천 씨는 아이들과 볼을 비비며 자주 안아 주었다. 남매가 사춘기에 접어들 때까지였다.

갑천 씨는 냄새에 민감했다. 바깥에서 묻혀 온 냄새가 집에서도 날까 염려했다. 남매가 코를 틀어막고 자신에게서 멀어질 것을 걱정했다. 갑천 씨는 하루에 두 번씩

몸을 씻었다. 머리를 박박 감고, 몸 구석구석을 닦았다. 아무리 씻어도 자꾸만 몸에서 안 좋은 냄새가 나는 것만 같았다.

어느 날 갑천 씨가 사고를 냈다. 그날도 평소와 다름없이 운전대를 잡고 있었다. 갑자기 머리가 아프고 앞이 흐려졌다. 얼마나 흘렀을까. 정신을 차리고 보니 혼잡한 도로 한가운데였다. 다른 차들의 운전사들이 갑천 씨를 향해 삿대질하고 있었다. 오랜 경력의 베테랑 운전사답지 않은 석연치 않은 사고였다. 사고 수습 후 갑천 씨는 집에서 쉬기로 했다.

사고가 나기 전부터 갑천 씨는 머리가 아프다는 말을 자주 했다. 머리가 깨질 듯 아팠지만, 두통약 한두 알로 참아왔다. 두통약의 개수와 약을 입 안에 털어 넣는 빈도가 서서히 늘어 갔다. 사고 후에도 갑천 씨는 계속 머리가 아팠다.

혜옥 씨는 며칠 쉬면 괜찮다는 갑천 씨를 데리고 동네 병원에 갔다. 의사는 가벼운 뇌졸중 또는 수막염일 가능성을 말했다. 혹시 모르니 큰 병원으로 가 보라고도 했다. 의사의 흔들리는 눈빛에 혜옥 씨는 불안했다.

간호사 출신 제나 엄마의 도움으로 종합병원 신경외과에 진료 예약을 잡았다. 인천에서 가장 큰 병원이었다. 여러 가지 검사를 하고 MRI를 찍었다. 커다란 통같이 생긴 의료 기기였다. 갑천 씨는 그 안에 들어가 누워 가만히 눈을 감고 생각했다. 이렇게 큰 병원에 아는 사람이 있어서 다행이라고, 며칠째 일을 못 나가면 식구들은 어찌하냐고, 머리 아픈 병이 낫고 나면 이제부터는 쉬엄쉬엄 일하겠다고, 혜옥 씨와 아이들과 함께 시간을 보내겠다고.

지루한 검사를 마치고 결과가 나왔다.
갑천 씨의 병명은 뇌종양이었다.

첫 번째 수술

혜옥 씨는 갑천 씨 없이 혼자서 의사를 만났다. 혜옥 씨는 '뇌종양'이라는 단어 자체를 알아듣지 못했다. 병명을 선고하는 의사의 입이 텔레비전의 느린 화면처럼 움직였다. 멍한 표정의 혜옥 씨를 보고 의사는 다시 천천히, 또박또박 말했다.

"뇌암입니다. 6개월을 넘기지 못할 것 같습니다. 유감입니다."

혜옥 씨 혼자서 집으로 향했다. 방향이 다른 버스를 잘못 타고 집과는 한참 먼 곳에 내려 오래 걸었다. 대출금도 다 갚았고, 빚 하나 없는 생활이 시작되려는 참이었다. 갑천 씨가 퇴원하고 나면 운전을 그만두라고 권유하려고 했다. 노래방이나 치킨집을 차려서 둘이 벌면 어떨까, 혼자 상상했었다. 남매를 독립시키고 나면 갑천 씨와 산에도 다니고 쉬엄쉬엄 살고 싶었다. 머릿속이 멍해졌다.

집으로 돌아온 혜옥 씨는 연말 모임에 나간 딸과 독서실에 있던 아들에게 전화를 걸었다. 혜옥 씨의 멍하던 머릿속이 하얘졌다. 집 천장이 내려앉고 벽이 무너지는 것 같았다. 때 묻은 지폐들로 쌓아 올린 33평 아파트가 지진이 난 것처럼 흔들렸다.

혜옥 씨는 오열했다. 발버둥을 치며 나뒹굴었다. 짐승처럼 울부짖었다. 한참을 정신없이 울다 보니 눈앞에 동그란 눈을 한 남매가 서 있었다.

"얘들아, 네 아빠 암이래. 네 아빠 죽는대. 네 아빠 불쌍해서 어떡하니. 내 새끼들 불쌍해서 어떡하니."

혜옥 씨는 딸과 아들을 부둥켜안았다. 세 사람이 얽혀 울고 또 울었다.

의사는 수술로 기대할 것이 없다고 했지만, 혜옥 씨는 뭐라도 해야만 했다. 희박한 확률에 기대어 수술을 결정했다. 일가친척과 지인을 동원해 인맥을 끌어모았다. 우리나라에서 가장 좋은 대학병원에서 수술 일정을 잡을 수 있었다.

 혜옥 씨는 갑천 씨에게 병에 관해 도저히 이야기할 수가 없었다. 간신히 참고 있는 눈물이 갑천 씨 앞에서 마구 솟구치면, 그를 더 불안하게 할 것 같았다. 제나 엄마가 갑천 씨에게 얘기하겠다고 했다. 두 사람만 남겨 두고 나온 병실 앞 복도, 혜옥 씨는 한참을 서성였다. 의자에 앉았다 일어섰다 걸었다 멈추기를 반복했다.

 사실대로 무겁게 얘기했는지, 돌려 가벼이 얘기했는지 알 수 없었다. 잠시 후 병실 문이 열렸다. 환자복을 입은 갑천 씨가 해맑간 얼굴로 혜옥 씨를 맞았다. 대화의 경중을 짐작할 수 없는 미소가 흘렀다.

 인천에 있는, 검사를 했던 병원에서 보내는 마지막 밤이었다. 다음 날 퇴원하는 대로 서울에 있는 병원으로 이동하기로 했다. 소방관으로 근무 중인 제나 아빠의 도움으로 구급차를 이용하기로 했다. 계속 병실을 지키던 혜옥 씨를 대신해 딸이 갑천 씨 옆에서 자기로 했다.

"침대 좁아서 불편할 텐데. 너도 그냥 집에 가서 자도 되는데."
"괜찮아, 하룻밤인데 뭐. 이럴 때 아니면 언제 아빠 옆에서 자 보겠어."
"그래요, 소영 아빠. 오늘은 사랑하는 딸이랑 좋은 꿈 꾸면서 자. 집에 가서 자고 짐 챙겨서 내일 아침 일찍 올게."
"다들 집에 가서 편히 자도 되는데. 알겠어."
"내일 퇴원 수속하고 서울에 있는 병원에 갈 거야. 당신, 다 들었지?"
"알아. 다 들었어."
"걱정하지 말고 푹 자요. 소영이 너도 무슨 일 있으면 연락하고."
"알겠어, 엄마. 모처럼 집에 가서 편하게 자. 내일 봐."

다음 날 아침, 갑천 씨는 평소보다 일찍 잠에서 깼다. 보호자 침대에 누운 딸은 아직 자는 중이었다. 난생처음 입원한 병원이었다. 이렇게 오래 있을 줄 몰랐다. 싱거운 병원 밥과 주로 누워서만 지내는 생활은 견딜 만했다. 하지만 마음대로 씻지 못하는 것은 고역이었다. 머리도 가렵고 특히 자꾸만 몸에서 냄새가 나는 것 같았다.

"딸, 딸, 자?"
"응, 일어났어. 좀 더 자지. 왜?"
"아빠 씻고 싶어."
"금방 퇴원할 건데 좀 참지."
"며칠 동안 머리를 못 감아서 찝찝해. 새 병원에 가는데, 기왕이면 깨끗하게 하고 가고 싶어."
"알았어. 그럼 내가 가서 아빠 씻어도 되는지 한 번 물어보고 올게."

 딸은 부스럭대며 일어나 복도로 나갔다. 당직 간호사에게 갑천 씨의 샤워를 허락받았다. 갑천 씨는 세안용품을 챙겨 들고 딸과 함께 병원 목욕실로 향했다. 이른 아침의 목욕실에는 아무도 없었다. 갑천 씨 혼자서 목욕실에 들어가고, 딸은 유리문 하나 밖에서 기다리기로 했다. 샤워기 물 떨어지는 소리가 들리고 "어휴, 좋다." 하는 갑천 씨의 탄성도 들렸다. 괜찮냐고 묻는 딸의 질문과 괜찮다고 답하는 갑천 씨의 대답이 열 번쯤 반복되었다. 갑자기 목욕실 안이 조용해졌다.

"아빠, 괜찮아? 내가 들어가서 도와줄까?"
"……."
"아빠, 아빠! 왜 그래? 왜 조용해? 나, 들어간다."

딸이 목욕실 문을 열고 들어갔다. 바닥에 떨어진 샤워기는 제멋대로 물줄기를 뿌리고 있었다. 눈을 감고 고개를 떨군 갑천 씨가 목욕 의자에 걸치듯 앉아 있었다. 딸은 갑천 씨의 큰 몸을 흔들며 소리치다가 복도에 놓여 있는 휠체어를 가져왔다. 갑천 씨의 큰 몸을 일으켜 휠체어에 앉혔다. 환자복과 젖은 수건들로 갑천 씨 앞섶을 덮은 채, 딸은 그대로 복도를 내달렸다. 갑천씨는 병실로 옮겨졌고 의사와 간호사들이 분주히 움직였다. 갑천 씨의 감았던 눈이 잠시 떠졌다.

"아빠! 아빠, 나야. 정신 좀 차려봐. 아빠!"
"딸, 괜찮아, 걱정하지 마. 다 잘될 거야."
"아빠!"
"……."

 혜옥 씨가 병원에 도착했다. 보호자의 수술 동의서 사인과 동시에 수술이 시작되었다. 서울대학교병원으로 이동하기로 되어 있던 시각, 인천 병원에서 갑천 씨의 첫 번째 수술이 진행되었다. 수술은 반나절 넘게 계속되었다. 기적은 일어나지 않았다.

병원 생활 그리고 작별

 혜옥 씨 혼자서 수술을 마친 의사를 만났다. 의사는 최선을 다했다며, 죄송하다며, 고개를 깊이 숙여 인사했다. 의사가 수술실로 도로 들어간 후에도 혜옥 씨는 그 자리에 한참 서 있었다.

 혜옥 씨는 이대로 갑천 씨를 포기할 수 없었다. 혜옥 씨의 고집으로 갑천 씨를 서울 병원으로 옮겼다. 구급차로 이동한 병원은 크고 넓었지만, 건물은 오래되고 병실은 낡았다.

 갑천 씨의 두 번째 수술이 진행됐다. 하지만 가장 좋은 대학병원의 가장 유명한 신경외과 의사가 갑천 씨를 위해 할 수 있는 일은 없었다. 한 번 열렸던 머리가 다시 열렸고 성과 없이 닫혔다. 중환자실에서 1인실로 옮겨졌다. 의식 없는 갑천 씨의 곁을 지키는 혜옥 씨의 시름과 주름과 한숨이 깊어져 갔다. 혜화역의 겨울이 하루하루 깊어만 갔다.

"얘들아. 아빠랑 집에 가자."

갑천 씨를 집 근처 요양병원으로 옮겼다. 야트막한 언덕 위 병원의 중환자실 침상에는 노인 환자가 많았다. 갑천 씨는 가장 젊은 환자였다.

혜옥 씨가 갑천 씨를 돌보고, 딸과 아들이 매일 다녀갔다. 주말이면 친척들이 방문했다. 혜옥 씨 형제와 갑천 씨 형제의 각각 다른 종교인들이 방문했다. 낯선 사람들이 갑천 씨의 침대를 둘러싸고 각자의 방식으로 기도했다. 종교 없는 혜옥 씨는 모든 기도가 낯설고 어색했다. 가만히 눈을 감고 서 있었다.

가끔 갑천 씨의 의식이 돌아올 때가 있었다. 갑천 씨는 알 수 없는 말들을 웅얼거리거나, 어린애같이 투정을 부렸다. 가족들을 전혀 알아보지 못했다. 앞이 안 보이는지 귀가 안 들리는지, 멍한 얼굴로 보내는 날이 늘어 갔다. 점점 말도 움직임도 잦아들었다.

혜옥 씨는 다시 직장에 나가야 했다. 주중에는 혜옥 씨 어머니가, 주말에는 혜옥 씨가 갑천 씨를 간호했다. 콧줄을 통해 묽은 유동식을 밀어 넣었다. 욕창이 생기지 않도록 커다란 몸을 이리저리 뒤척였다. 미동 없는 팔다리를 팔이 빠지도록 주물렀다. 소변 통을 비우고 대변이 문드러진 기저귀를 갈았다. 갑천 씨는 초점 없는 눈으로 창밖을 바라보았다. 새봄의 연둣빛이 물들고 있었다.

그러던 어느 날이었다. 혜옥 씨는 보호자 대기실 한쪽에 누워 잠을 청하고 있었다. 얇은 모포를 둘러도 한기가 가시지 않는 밤이었다. 머리끝까지 이불을 덮었다. 혜옥 씨 뒤편으로 다른 보호자 몇몇이 간식을 나누며 두런대는 소리가 들렸다.

"거기 제일 구석 침대 남자 환자 봤어?"
"좀 젊은 사람 말이지? 응, 봤지. 그 사람이 왜?"
"얼마 못 산대. 아까 누가 말하는 거 들었어."
"아이고, 안됐네. 애들도 어린 것 같던데."

혜옥 씨 머리에 천둥이 치고 번개가 내리꽂혔다. 덮은 이불을 걷고 벌떡 일어나 앉았다.

"이것 보세요. 누가 그런 소리를 해요? 어디서 그렇게 남의 얘기를 함부로 해요?"
"나도 그냥 들은 얘길 하는 거지, 뭐."
"본인 얘기 아니라고 그렇게 말해도 되는 거예요?"
"아니, 없는 말을 지어낸 것도 아닌데 뭘 그렇게 화를 내나."
"당신 말 다 했어?"

혜옥 씨가 여자의 머리채를 움켜잡고 악을 썼다. 머리채를 잡힌 여자의 비명에 간호사들이 달려왔다. 여럿이 달려들어 혜옥 씨와 여자를 뜯어냈다. 엉망이 된 여자가 소리를 질러 댔다. 혜옥 씨는 계속해서 여자를 노려보았다. 눈물 한 방울 흘리지 않았다.

혜옥 씨는 갑천 씨의 침대로 달려갔다. 갑천 씨의 미동 없는 손을 잡고 거칠게 흔들었다. 갑천 씨의 몸이 침대와 함께 흔들렸다.

"소영 아빠, 도대체 우리가 왜 여기에 있어야 해. 나 너무 힘들어. 제발 눈 좀 떠 봐. 제발 아무 말이라도 해 봐. 소영 아빠, 응?"

혜옥 씨의 흐느끼는 소리가 오래 이어졌다. 야윈 어깨가 밤새 들썩였다. 갑천 씨는 초점 없는 눈으로 창밖을 바라보았다.

"사망하셨습니다."

갑천 씨의 머리를 감싸던 망사 모자가 벗겨졌다. 콧줄과 소변줄이 제거되고, 산소호흡기의 전원도 꺼졌다. 혜옥 씨가 침대 곁에 엎드려 있었다. 혜옥 씨의 어머니가 옆에 서서 손수건으로 눈물을 찍어 내고 있었다. 교복을 입은 아들이 안경을 벗고 눈물을 닦았다. 늦게 도착한 딸의 눈은 뻘겠다.

갑천 씨가 죽었다.
감은 눈과 다문 입은 편안해 보였다. 속눈썹은 길었다.

봄비 내리는 오월의 밤이었다.

CHAPTER. 2

단정한 혜옥 씨

남편이 죽었다

 '뇌종양'이라는 단어를, 혜옥 씨는 그때 처음 알았다. 무슨 말인지 몰라 멍하게 앉아 있던 그날 이후 다섯 달 하고도 보름이 지났다. 여섯 달을 넘기기 힘들 거라는 의사의 선고는 정확했다. 그래서 더 잔인했다.

"오늘이 고비입니다. 마음의 준비를 하십시오."

 두 번의 수술과 병원 생활은 길고 길었다. 마침내 끝이 왔음을 전하는 의사의 말에 두 손이 바들바들 떨렸다. 심장이 쿵쾅거렸다. 꿈에서라도 마주하기 싫었던 상상이 현실이 되는 순간이었다. 아무리 애써도 준비되지 않는 마음은 무너지고 있었다.

"엄마, 애들 아빠가……. 불쌍해서 어떡해."

무너져 내리는 혜옥 씨를 바라보는 혜옥 씨 어머니의 작은 눈에서 커다란 눈물방울이 흘러내렸다. 병실 유리창에는 빗방울이 흘러내렸다. 혜옥 씨는 학교에 있는 딸과 아들에게 전화를 걸었다. 혜옥 씨 어머니는 사위의 손을 꼭 잡았다.

얼마나 시간이 흘렀을까. 갑천 씨 몸에 연결되어 상태를 알려 주던 기계 모니터의 숫자와 그래프가 둔탁한 언덕을 그리더니 갑자기 '삐이' 하는 소음과 함께 일직선으로 뿜어 나왔다.

"1999년 5월 18일 저녁 8시 성명 강갑천,
운명하셨습니다."

의사의 사망 선고와 동시에 바쁜 손들이 다가와 갑천 씨의 얼굴을 흰 천으로 덮으려 했다. 혜옥 씨는 의사와 간호사에게 간청했다. 아이들이 아직 안 왔다고, 마지막인데 애들이 아빠 얼굴을 보지 못했다고, 제발 그 하얀

천으로 얼굴을 덮지 말아 달라고.

 서둘러 딸과 아들이 달려왔다. 혜옥 씨는 아이들과 엉겨 끝없이 눈물을 토해 냈다. 남편의 병을 알게 된 작년 겨울부터 눈물이 마르지 않았던 혜옥 씨에게 아직도 흘릴 눈물이 남아 있다는 것이 놀라웠다. 그들의 울음소리가 오래 이어졌다.

 남편이 죽었다. 중환자실의 갑천 씨는 영안실로 옮겨졌다. 혜옥 씨와 딸과 아들이 있어야 할 곳은 장례식장이었다. 늦은 저녁의 장례식장은 어둡고 고요했다. 혜옥 씨 형제들이 도착했다. 다시 눈물 바람이 일었다. 갑천 씨 형제들도 도착했다. 눈물 바람이 파도를 이루었다. 혜옥 씨와 딸은 소복으로 갈아입고 머리에 하얀 리본 핀을 달았다. 아들은 교복 위로 상주를 표시하는 완장을 찼다. 갑천 씨의 사진 주변으로 흰 국화 장식이 놓였다. 택시 운전사 자격증 신청서에 부착하려고 찍어 둔 증명사진은 갑천 씨의 영정 사진이 되었다.

 갑천 씨의 빈소가 차려졌다. 혜옥 씨는 없는 정신을 추스르며 문상객을 맞이했다. 혜옥 씨 형제들의 도움으로 장례 절차가 진행됐다. 갑천 씨를 어떻게 모실 것인지 논

의가 시작되었다. 갑천 씨 형제들은 고향에 있는 선산 이야기를 했다. 혜옥 씨는 평소 절에서 나는 향내를 좋아했던 갑천 씨 모습을 떠올렸다. 갑천 씨를 위한 마지막 결정은 가족의 몫이었다. 혜옥 씨는 남매를 따로 불렀다.

"애들아, 우리 아빠 어떻게 하면 좋을까. 너희들 생각은 어떠니."

세 사람은 다시 울었다. 화장하든 묘를 쓰든 아픈 선택이지만, 반드시 결정해야 했다. 비 오는 대로, 눈 오는 대로, 상해 가고 썩어 갈 갑천 씨의 누인 몸을 생각하면 안타까운 마음뿐이었다. 뜨거운 불 속으로 들어갈 관 속의 갑천 씨는 처절했다. 한참을 고심한 끝에 화장하기로 했다. 자주 찾아가지 못할 먼 산보다는 언제든 갈 수 있는 가까운 절이 나을 거라는 데 동의했다. 잠시 멈추었던 세 사람의 울음이 다시 터져 나왔다.

갑천 씨의 입관식이 진행되었다. 그의 모습을 마지막으로 볼 수 있는 시간이었다. 유리를 사이에 두고 갑천 씨의 누운 몸과 가족들의 오열이 자리했다. 장례지도사가 절차에 따라 갑천 씨의 몸을 닦고 수의를 입혔다. 배불리 잘 먹고 떠나라며 갑천 씨의 입을 벌려 생쌀을 채웠다.

머리끝부터 발끝까지 수의를 씌우고 덮었다. 관 속에서 움직이지 않도록 갑천 씨의 온몸을 꽁꽁 묶었다. 산같이 커다랗던 갑천 씨의 몸은 앙상한 나무 같은 모습으로 관 속에 눕혀져 화산 같은 불길 속으로 들어갔다.

사흘간의 장례식이 끝났다. 갑천 씨의 위패가 절에 놓였고 사십구재도 끝이 났다. 혜옥 씨와 딸과 아들 모두, 각자의 일상으로 돌아갔다.

아침이면 혜옥 씨는 직장으로, 남매는 학교로 향했다. 가급적 저녁은 함께 먹었다. 혜옥 씨는 밥을 짓고 반찬을 만들었다. 입맛이 없어도 한 그릇을 다 먹었고, 아이들도 다 먹게 했다. 잘 자라는 인사를 하고 안방에 들어와 문을 닫았다. 불을 끄고 고단한 몸을 침대 위에 누였다.

낮에는 슬픔이 보일 새라 괜찮은 척 씩씩할 수 있었지만, 밤은 차원이 달랐다. 압도적인 고독이 혜옥 씨의 온몸을 짓눌렀다. 혜옥 씨는 텅 빈 옆자리를 손으로 더듬다가 자리에서 일어나 불을 켰다. 조용히 주방으로 가서 냉장고를 열었다. 소주 한 병을 들고 다시 방으로 들어왔다. 마시지 못하는 술 한 잔에 기댔지만 정신은 되려 맑아졌다. 한숨과 울음이 방문 밖으로 새어 나갈까, 혜옥 씨는 이불로 입을 틀어막았다. '여보, 여보……. 나도 당신 곁으로 가고 싶어.' 이대로 잠들어 다시는 깨고 싶지 않다는 생각이 스쳐 갔다. 뒤척이는 밤, 불면의 밤이 계속되었다.

'절대 무너지면 안 돼. 쓰러져서도 안 돼. 일어서야 해. 이제 애들에게는 나밖에 없어. 이제는 내가 가장이야.'

시작이 시련으로

 갑천 씨가 숨을 거둔 건 두 사람이 결혼한 지 이십일 년이 되던 해였다. 그 세월 동안 두 사람은 월미도 신혼여행에서 했던 약속대로 살았다. 정직하게 벌었고 열심히 살았다. 딸 낳고 아들 낳고 평범하게 살았다.

 결혼 후, 혜옥 씨는 남편 갑천 씨가 벌어다 주는 돈으로 살림을 꾸려 왔다. 임신과 출산 후, 다시 출근하는 일은 꿈도 못 꾸었다. 갑천 씨는 언제나 자식들이 최우선이길 원했다. 혜옥 씨도 동의한 세월이었다.

 그렇다고 혜옥 씨도 아예 손 놓고 있지는 않았다. 집에서 할 수 있는 일들을 찾아 쉼 없이 일했다. 인형에 눈을 달고, 봉투를 붙였다. 이웃집 아이를 돌보고, 식당 설거지 아르바이트를 했다.

그리고 갑천 씨가 떠났다. 혜옥 씨가 집안의 가장이 되었다. 이제는 혜옥 씨가 본격적인 생업 전선에 뛰어들어야 했다. 대학생 딸은 어학연수를 떠나고 싶어 했고, 아들은 곧 고3이었다. 대학생 둘을 뒷바라지하려면 돈 걱정을 안 할 수 없었다. 남편을 잃은 슬픔보다 자식들과 살아 나갈 걱정이 점점 커져만 갔다. 우연히 가입한 암보험 덕분에 갑천 씨의 병원비가 들지 않은 것과 아파트 대출금이 끝난 것은 불행 중 다행이었다.

갑천 씨가 아프기 전부터 혜옥 씨는 학교 급식실에서 일했다. 갑천 씨의 사망 후 혜옥 씨는 급식실 일을 그만두었다. 지인의 소개로 병원 간호 보조 업무를 시작했다. 혜옥 씨가 일하게 된 병원은 다름이 아닌 갑천 씨가 첫 번째 수술을 했던 병원이었다. 혜옥 씨에게 몸보다 힘든 건 마음이었다. 환자들을 대할 때마다 갑천 씨 생각이 났다. 특히나 신경외과 병동을 지날 때면 식은땀이 났고 심장이 빨리 뛰는 것만 같았다.

졸업 후 처음으로 국민학교 동창회에 참석했다. 모처럼 만난 고향 친구들은 남편을 잃은 혜옥 씨를 위로하고 앞날을 염려해 주었다. 혜옥 씨는 헛헛한 마음을 친구들과 함께하는 시간으로 달랬다. 옛날 추억을 나누면 마음이 편해졌다. 진심이 담긴 조언과 제안에는 귀를 기울였다.

"혜옥아, 너 부동산에 투자해 볼래?"
"혜옥아, 나랑 같이 사업 한번 해 볼래?"

고향 친구의 권유로 혜옥 씨는 놀이기구 사업을 시작했다. 백화점 옥상 놀이공원의 회전목마와 바이킹을 맡아 운영했다. 기계를 작동하고, 음악을 틀고, 아르바이트 학생을 대하고, 정산하는 모든 일이 쉽지 않았다. 몇 개월 후 그 일을 그만두었다.

혜옥 씨는 아파트를 처분했다. 갑천 씨의 땀과 눈물이 담긴 곳이었던 만큼 오랜 고민 끝에 내린 결정이었다. 작은 평수의 아파트 두 채를 구매했다. 전세금을 돌려서 고향에 땅을 샀다. 신축 아파트를 분양받았다. 중도금 납부를 위해 다른 재산들을 되팔거나 처분하기를 반복하며 아이들 학비와 사업 자금을 융통했다.

그러다가 지인의 권유로 남자 고등학교 앞 김밥집을 인수했다. 아예 같은 건물로 이사했다. 지하 주점의 조명은 밤늦게까지 번쩍였고, 취객의 고함은 새벽까지 이어졌다. 1층은 김밥집이었다. 2층의 국악원 남자와는 주차 문제로 종종 잡음이 있었다. 혜옥 씨 식구가 사는 3층은 난방과 온수가 늘 말썽이었다. 전깃불을 끄면 시작되는 바퀴벌레의 습격도 좀처럼 익숙해지지 않았다. 모든 나날이 만만치 않았다.

 '혼자 된 여자'를 향한 세상의 시선은 말랑하지 않았다. 중국집에서 양파 까는 아르바이트를 하던 중, 화교 주방장에게 손목을 잡힌 후 바로 관두었다. 혜옥 씨 혼자 부동산 사무실의 문을 열고 들어서면 중개인들은 은연중에 혜옥 씨를 무시했다. 사업 조언을 핑계로 밤늦게 술집으로 불러내려는 동창도 있었다. 아예 대놓고 노골적인 제안을 하는 갑천 씨의 옛 친구는 최악이었다.

 그럼에도 혜옥 씨는 열심히 살았다. 끊어 낼 인간관계는 정리했다. 김밥집에 최선을 다했다. 먹성 좋은 남학생 손님들을 아들 같은 마음으로 대했다. 낡은 건물이지만 청소와 소독을 자주 하며 위생에도 신경 썼다. 하지만 주변 상권 경쟁에 밀려 수익이 많지 않았고 일은 고되었다.

오래지 않아 가게를 팔았다. 녹록지 않은 인생의 교훈을 얻은 시간이었다.

 그 후로도 혜옥 씨는 끊임없이 배우고 익혔다. 한식 양식 조리사, 보육교사, 요양보호사, 보험 설계사 등 자격증 공부를 하면서 스스로 성장을 멈추지 않았다. 혜옥 씨는 만학도의 열정을 불태웠다. 모든 배움에는 재미와 의미가 있었다. 모든 경험에는 배울 점이 있었다.

 수많은 시작은 새로운 시련이 되었다. 반복되던 시름은 시일을 두고 서서히 다져졌다. 든든하고 단단한 뿌리를 내리는 시기를 거쳐, 진짜 혜옥 씨의 시간으로 향해 가고 있었다.

딸 가진 죄인

혜옥 씨의 딸이 남자친구를 데리고 왔다. 어학연수에서 만난 공대생으로 집은 부산이라고 했다. 김밥집 문을 열고 들어서는데, 키도 훤칠하고 코트와 구두를 착용한 모습이었다. 혜옥 씨는 마음속으로 첫인상 점수에 합격점을 주었다.

'여보, 당신 딸이 남자친구를 데려왔어요. 난 마음에 드는데, 당신 보기엔 어때요?'

"이쪽은 우리 엄마. 이쪽은 내 남자친구. 서로 인사들 하세요."

"안녕하십니까."
"어서 와요. 밥부터 먹어야지. 뭘 좋아해요?"
"말씀 편하게 하십시오."

혜옥 씨 딸의 남자친구인 부산 사나이가 고른 메뉴는 돌솥비빔밥. 혜옥 씨는 앞치마에 젖은 손을 닦으며 주방에 들어섰다. 손으로는 돌솥에 밥을 넣고 나물을 얹어 가스 불을 켜면서도 눈과 귀는 홀 쪽에 집중해 있었다. 노른자를 터뜨리지 않은 달걀 프라이를 나물과 비빈 밥 위에 얹었다. 김치와 떠먹을 국물을 돌솥비빔밥과 함께 쟁반에 담아 식탁에 놓았다. 평소보다 많은 양을 담았는데도 연신 숟가락을 놀리는 부산 사나이의 모습에 미소가 솟았다. "엄마도 분명 마음에 들어 할 거야." 딸의 예상은 틀리지 않았다. 딸의 남자친구에서 '우리 사위'로 호칭이 바뀌기까지 오래 걸리지 않았다.

혜옥 씨는 딸이 어서 결혼하길 바랬다. 인천과 부산을 오가며 시간과 비용과 청춘을 쓰는 일이 안쓰럽고 염려됐다. 한편으로는 조금 늦게 결혼하기를 바라기도 했다. 시집가면 이제 그 집안사람이 될 테니, 예비 사위의 직업상 멀리 떨어져서 살게 될 테니 조금이라도 오래 곁에 두어 품고 싶었다.

몇 년의 장거리 연애를 거친 후, 혜옥 씨의 딸과 부산 사나이의 혼담이 오갔다. 두 차례 상견례가 있었다. 예비 안사돈끼리 인천에서 한 번, 양가 모두가 부산에서 또 한 번 만났다. 인사를 나누고 결혼 이야기를 나누는 내내 혜옥 씨는 몹시 긴장했다. 예비 사돈댁은 아들 가진 유세를 부리지 않았다. 하지만 혜옥 씨 스스로 딸 가진 죄인이 되었다. 혜옥 씨 눈에는 차고 넘치는 딸이지만, 사돈댁에 작은 책이라도 잡힐까 조마조마했다.

결혼식 날짜와 장소가 정해졌다. 혜옥 씨는 딸의 청첩장을 넉넉히 준비했다. 진줏빛 카드에 반짝이 장식이 붙어 있었다. 당일 출발하는 전세 버스 탑승 시간과 장소도 적혀 있었다. 먼 거리다 보니 지인들에게 참석을 당부하기가 송구했다. 혜옥 씨의 딸은 결혼식을 앞두고 직장을 그만두었다. 앞으로는 자주 못 만날 친구들을 만나느라 매일 분주했다.

혜옥 씨와 함께 혼수 준비도 했다. 혜옥 씨의 딸은 연한 색감의 색동저고리와 분홍빛 치마 한복을, 혜옥 씨는 미색 계통의 저고리와 진달래색 치마 한복을 맞추었다. 한복을 곱게 입은 딸을 보니, 혜옥 씨는 또 눈물이 났다. 결혼을 앞두고 거의 매일 울었다. 혜옥 씨가 울 때마다 눈물 많은 혜옥 씨 딸도 같이 울었다. 딸은 울면서 말했다.

"엄마, 식장에서 친정엄마랑 눈만 안 마주치면 된대. 비싼 화장 지워져서 엄마도 나도 사진 엉망으로 찍히면 어떻게 해. 한 번 눈물이 터지면 안 멈출지도 몰라. 우리 미리 울어 버리자. 지금 다 울고 그날은 절대로 울지 말자. 알았지?"

먼저 결혼한 지인의 얘기를 전하며 혜옥 씨의 딸은 울면서 웃었다. 아빠 없는 4월의 신부가 안쓰러워서, 친정엄마가 멀리 있을 새댁이 안타까워서, 넉넉하게 혼수를 해 보내지 못해 미안해서 혜옥 씨는 웃으며 다시 울었다.

딸의 결혼을 앞두자, 그 어느 때보다 더 혜옥 씨는 갑천 씨가 보고 싶었다.

'여보, 당신이 살아 있었다면 귀한 딸을 그 먼 나라까지 보냈을까. 거기 안 보냈다면 사위를 만났을까. 상견례 자리에 친정 오빠 말고 당신과 함께였다면 조금 덜 긴장되었을까. 아비 없는 며느리 소리 들을까 봐 얼마나 떨렸는지 몰라. 웨딩드레스 입은 딸을 나 혼자 보게 될 줄이야. 얼마나 눈물이 쏟아지려나. 당신이 있었다면 곁에서 손수건이라도 건넸을까. 아니, 눈물 많은 당신도 같이 울었을까. 우리 새끼들이 저들 새끼 낳아 키우는 모습 보면 얼마나 좋을까. 당신이랑 함께 보고 싶은 순간이 앞으로 얼마나 더 많을까.'

 지금 다 울고 나면 정말 그날은 안 울 수 있을까. 딸과 함께 목욕탕에 다녀온 날, 혜옥 씨는 혼자서 딸의 청첩장을 열어 보았다. 진줏빛 카드 속 갑천 씨의 빈자리를 손으로 어루만졌다.

 혜옥 씨는 편지지를 찾아 들었다. 또박또박 한 자 한 자 적었다. 긴긴밤이 더 깊어만 갔다.

딱 너 같은 딸 낳아라

혜옥 씨의 딸은 4월의 신부가 되었다

혜옥 씨의 딸은 이사를 자주 다녔다. 직업 특성상 근무지를 이동하는 사위를 따라서였다. 딸 내외는 대구 근처의 소도시에서 신혼집을 꾸렸다. 혜옥 씨 집에서 차로 세 시간 이상 걸렸다.

결혼 후 혜옥 씨의 딸은 한 달에 한 번 혜옥 씨 집에 왔다. 사위와 함께 올라와 하룻밤 자고 내려갔다. 혜옥 씨가 해 주는 밥을 먹고 소파에 누워 쉬었다. 혜옥 씨는 딸이 잘 먹는 밑반찬을 챙겼다. 딸 내외가 집에 돌아갈 때가 되면, 어김없이 모녀의 눈물 버튼이 눌러졌다. 다 큰 딸이 어린애처럼 혜옥 씨에게 안겨 울었다. 한 번 두 번 다녀갈 때마다 눈물 버튼은 점점 작동하지 않게 되었다. 자연스럽고 다행한 일이었다.

혜옥 씨는 딸에게서 아기를 기다렸다. 여자라면 결혼하고 자식을 낳아 기르는 경험을 꼭 해 보아야 한다고 혜옥 씨는 생각했다. 그것이 진정한 행복이라고 여겼다. 딸 내외가 부담되지 않을 정도로만 조언했다. 결혼한 지 일 년 후, 딸은 임신했다.

"엄마, 아기 심장이 안 뛴대."

혜옥 씨의 심장이 덜컥 내려앉았다. 계류 유산이었다. 임신하고 얼마 되지 않아, 딸이 혼자 친정에 올라왔었다. 딸은 입덧 하나 없고 아무렇지 않다며 친구들을 만나 늦은 시간까지 놀았다. 물론 그것이 유산의 원인은 아니겠지만, 혜옥 씨는 임신한 딸을 조심시키지 않은 자신을 자책했다. 전화로 울먹이는 딸을 달래다가, 혜옥 씨는 딸의 집으로 가는 고속버스에 올랐다. 출산과 다름없는 유산을 한 딸을 돌보아야 했다.

"엄마, 내가 잘못해서 아기가 잘못되었나 봐."
"아니야. 너 잘못 하나도 없어. 임신이야 다시 하면 돼지. 너무 울면 우리 딸 힘들어. 그만 울어."

 혜옥 씨는 딸 집에 도착하자마자, 준비해 온 미역부터 물에 넣어 불렸다. 사위를 시켜 전복과 소고기와 과일을 사 오게 했다. 따뜻한 수건을 딸의 배 위에 올려 주고, 수면 양말을 발에 신겨 주었다. 일주일 동안 먹을 미역국과 전복죽을 끓였다. 딸은 울면서 국 한 그릇을 다 먹었다. 잠든 딸의 얼굴을 쓸어 주고 다시 길을 나섰다. 집으로 올라오는 심야 우등 버스 안에서, 혜옥 씨는 그제야 참았던 눈물을 흘렸다. 그리고 갑천 씨를 떠올렸다.

 '당신도 손주 많이 기다렸죠? 당신이 그토록 사랑하는 딸, 그곳에서도 꼭 지켜 줘요.'

 혜옥 씨도 혜옥 씨의 딸도 다시 아기를 기다렸다. 혜옥 씨의 딸은 손발이 차고 월경이 불규칙했다. 혜옥 씨는 딸을 데리고 용하다는 한의원을 찾았다. 딸은 쓴 약을 꿀꺽꿀꺽 마셨다. 복부에 지방이 과다하면 자궁이 눌려 착상이 힘들다는 얘기에, 딸은 밤마다 집 앞 천변을 걷고 달렸다. 딸은 지인의 임신 소식 전화를 끊고 나서, 혜옥 씨에게 전화를 걸어 울었다. '괜찮아, 괜찮아.' 혜옥 씨가 전화로 할 수 있는 말은 그게 전부였다.

첫 임신을 흘려보낸 지 이 년 만에, 혜옥 씨의 딸은 다시 임신했다. 혜옥 씨 첫 손주의 태명은 으뜸이었다. 으뜸이 엄마가 된 혜옥 씨의 딸은 일상을 멈추고 태교에 집중했다. 뱃속 으뜸이와 함께 그림책을 자주 읽어 주었다.

빨간 원피스를 입고 커다란 모자를 쓰고 장난기 많은 미소를 지은 여자아이가 책 표지에 그려진 그림책 제목은 『딸은 좋다』였다. "딸은 정말 좋다. 아기를 낳아 엄마가 되어 볼 수 있으니까." 딸은 그림책의 마지막 문장을 소리 내어 읽다가 울컥했다. 혜옥 씨 생각이 나서 전화를 걸었다.

"엄마, 나 으뜸이랑 태교 그림책 보다가 엄마 생각이 나서……."
"엄마, 지금 은행에서 일 보고 있어. 이따가 전화할게."

혜옥 씨 딸의 눈에서 나오려던 눈물이 쏙 들어갔다. 혜옥 씨 목소리를 듣고 싶어 걸었던 전화를 끊으며, 딸은 뱃속 으뜸이와 함께 키득거렸다.

딸이 딸을 낳았다. 인형처럼 예쁜 아기였다. 딸은 엄마가 되었고 혜옥 씨는 외할머니가 되었다.

혜옥 씨는 딸이 살고 있는 원주에 가서 산후조리를 해주었다. 손주를 돌보느라 혜옥 씨는 자신에게 찾아온 갱년기도 잊은 듯 통과했다. 혜옥 씨의 딸은 젖몸살이 심했다. 아기가 젖을 빨면 고통스러워했다. 혜옥 씨에게도 생생한 고통이었다. 혜옥 씨는 딸이 자신을 닮은 것 같아 안쓰러웠다.

삼 년 후 딸은 다시 임신했고, 아들을 낳았다.

"너 같은 딸을 낳아서 얼마나 행복했는지 모른다."
"아들도 그런대로 좋으니 잘 키워 봐라."

혜옥 씨는 딸이 자식 키우는 재미를 맛보길 바랐다. 안 먹어도 배부르고 눈에 넣어도 안 아플 행복감을 딸도 누리길 바랐다. 혜옥 씨는 딸이 딸을 낳아 좋았다. 딸이 아들을 낳아 또한 좋았다. 특히 아들을 낳았을 땐 사돈댁 보기에 정말 다행이라고 생각했다.

딸 낳고 아들 낳으면 200점이라는 말이 어디서 시작되었는지. 딸도 혜옥 씨처럼 200점 엄마가 되었다. 혜옥 씨는 딸 덕분에 200점 할머니가 되었다.

'여보, 당신 이제 200점짜리 할아버지 됐어요.'

이혼만은 안 된다

혜옥 씨의 딸 내외가 주말 부부를 시작했다. 건설업에 종사하는 사위가 본사 근무를 마치고 다시 지방 현장으로 내려갔다. 사위를 따라 잦은 이사를 감내하던 딸은 학교에 다니는 아이들을 위해 부부가 떨어져 지내기를 자청했다.

요새 젊은 엄마들은 주말 부부를 가리켜 전생에 나라를 구했다고 한다더니, 혜옥 씨의 딸도 주말 부부를 반기는 눈치였다. 혜옥 씨는 떨어져 지내는 딸과 사위가 영 마음에 걸렸다.

딸 내외와 외손주들과 함께 점심을 먹던 어느 주말이었다. 딸과 사위의 분위기가 어째 냉랭하다 싶었다. 별거 아닌 일로 딸이 먼저 화를 내더니, 점잖은 사위마저 딸에게 쏘아붙이기 시작했다. 어른 앞에서, 애들 앞에서 그러는 거 아니라며 혜옥 씨는 딸을 나무랐다. 상기된 표정의 딸은 수저를 놓더니 그길로 집에 가 버렸다.

 이튿날 혜옥 씨는 딸의 집으로 갔다. 손주들이 거실에서 놀고 있는 동안, 딸을 데리고 안방으로 들어가 문을 닫았다. 차가운 표정의 딸을 앞에 앉혔다. 내가 너를 그렇게 가르쳤느냐. 부부끼리 당연히 툭탁거릴 수 있지만 그렇게 티를 내서 되느냐. 어디 여자가 큰 목소리를 내느냐. 그래서 남자가 밖에 나가서 큰일 할 수 있겠느냐. 고개를 숙이고 조용히 듣던 딸이 얼굴을 들었다. 혜옥 씨를 똑바로 보며 소리를 지르기 시작했다.

 "엄마, 어떻게 이래? 엄마는 내 편 들어 줘야 하는 거 아니야? 죄다 그 사람 편이고, 나만 잘못했다고 하는데. 사람을 죽였더라도 엄마는 무조건 자식 편을 들어야 하는 거 아니야? 어떻게 내 앞에서 그 사람만 두둔할 수 있어? 아빠였으면 안 그랬을 거야. 아빠는 내 편이잖아. 아빠가 살아 있었다면 우리 딸 힘들게 했다고 그 사람 데려다가 혼냈을 거야. 어떻게 나한테 그럴 수 있어? 엄마, 친엄마 맞아?"

 혜옥 씨의 머리가 멍해졌다. 다른 이와 얼굴 붉히는 일 없이 순한 딸이었다. 싫은 소리를 하지도 듣지도 못하는 맘 약한 딸이었다. 매사에 양보하고 착착 알아서 자기 할 일 해 온 책임감 있는 딸이었다. 그런 딸이 벌겋게 달아오른 얼굴로 엄마인 혜옥 씨에게 소리치고 있었다. 혜옥 씨는 아무 말도 할 수 없었다. 조용히 집으로 돌아왔다. 딸에게 전화를 걸었지만, 딸은 전화를 받지 않았.

 딸과 사위의 이야기를 듣고 혜옥 씨는 짐작했다. 딸네 다툼의 원인은 사위의 지방 근무 발령으로 시작되었다. 어릴 적 부모와 떨어져 살았던 사위는 무슨 일이 있어도 가족이 함께 살아야 한다고 주장했다. 어린 시절 전학을 다니며 새 학교에 적응하기 힘들었던 딸은 아이들이 전학을 다니는 것을 반대했다. 이런 이유로 시작된 의견 불일치는 갖가지 이유로 번져 충돌했다. 딸과 사위는 서로에게 상처를 주고 있는 것 같았다.

 '부부 사이의 일, 부부가 제일 잘 알겠지, 내가 알면 얼마나 안다고……'

아이 둘을 낳고 십 년 넘게 산 딸 부부의 일을 혜옥 씨가 일일이 알 수는 없었다. 꼬치꼬치 캐물을 수도 없었다. 딸의 결혼 후, 혜옥 씨와 멀리 떨어져 산 세월이 길었다. 남모를 우여곡절이 다분했을 것이다.

타국에서 만나 먼 거리를 오가며 뜨겁게 사랑한 딸과 사위였다. 하지만 연애와 결혼이 같을 수 있으랴. 맞닥트린 현실은 녹록지 않았을 것이다. 각자 다른 집안 분위기에서 자란 남녀의 의견 조율 또한 만만치 않았을 것이다.

악다구니하는 딸의 모습을 처음 본 혜옥 씨는 처음에는 그 모습을 받아들일 수 없었다. '남편 없는 여자' 소리는 참을 수 있었지만, '아비 없는 자식' 소리만은 절대 안 듣게 하고 싶었는데. 내가 저를 어떻게 키웠는데. 분노해 날뛰는 딸의 모습을 혜옥 씨는 이해할 수 없었다.

하지만 딸이 저리도 불같이 화를 내는 모습을 떠올리니 '오죽했으면' 싶었다. 평생을 참고 견뎌 온 혜옥 씨도 자기 삶이 싫었으면서, 그런 삶을 은연중에 딸에게 강요해왔다는 생각이 들었다. '당신이 있었으면 어땠을까? 뭘 어떻게 해야 할까?' 갑천 씨를 그리며 혜옥 씨는 딸의 문제가 잘 해결되길 바라고 또 바랐다.

혜옥 씨는 딸의 마음이 편안해지기를 간절히 기도했다. 갑천 씨 생전에는 그의 반대로 가질 수 없었던 종교에 의지해 절실히 빌었다. 혜옥 씨는 차마 딸 앞에서는 보일 수 없었던 눈물을 쏟아 냈다. 신도 한 명을 붙잡고 울었다. 그이가 혜옥 씨를 대신해 딸에게 편지를 써서 보냈다. 딸은 편지를 읽지 않았다.

부디 시간이 해결해 주길, 지나고 보면 지나간 일에 불과하길 바랐다. 현명한 딸과 사위가 지혜롭게 이 시기를 통과하길, 제발 이혼만은 하지 않길 혜옥 씨는 온몸으로 빌고 또 빌었다. 하느님에게도 빌고 갑천 씨에게도 빌었다.

'여보, 우리 딸, 지금 너무 힘든 것 같아. 당신이 힘 좀 보태 줘.'

엄마도 엄마가 보고 싶어

"앗, 엄마 찌개에서 할머니 맛이 나."

혜옥 씨 집에 들른 딸이 찌개 한 숟갈을 입에 넣으며 말했다. 혜옥 씨의 어린 딸은 혜옥 씨 어머니, 홍 여사의 꽃게 된장찌개를 좋아했다. 홍 여사는 팔다 남은 성치 않은 게들을 넣고, 된장을 풀고, 애호박을 썰어 넣어 후다닥 찌개를 끓여 내곤 했다. 손주들은 단맛과 짠맛이 고루 배인 게 다리와 껍질을 빨고 또 빨았다. 국물에 밥을 비벼 밥그릇이 닳도록 긁고 또 긁었다.

혜옥 씨 아버지는 체면과 예법을 중시하는 집안의 장남

이었다. 날 적부터 몸이 약해 농사를 지을 수도, 직장을 구할 수도 없었다. 남편을 대신해 농사를 짓고 살림하고 자식을 낳아 기른 혜옥 씨의 어머니 홍 여사의 삶은 늘 고되고 험했다.

"할머니, 안 잔다."

홍 여사는 스포츠 중계를 좋아했다. 경기 규칙도 꿰고 있었다. 저녁상을 치우고 나면 홍 여사는 텔레비전을 향해 모로 누웠다. 어린 손주들이 할머니의 눈이 감긴 것을 보고 채널을 돌리려고 하는 순간, 홍 여사는 눈을 감은 채로 말했다.

"제가 일른 시집가서 딸 낳아 모녀 5대 만들게요."

홍 여사의 어머니, 다시 말해 혜옥 씨의 외할머니까지 모인 어느 가족 행사 자리였다. 음악에 맞추어 춤추고 노래 부르는 손주들의 재롱에 모두 웃었다. 혜옥 씨의 어린 딸이 던지는 맹랑한 말에 모두가 큰 소리로 웃었다.

"우리 강아지들 손톱물 들여 주려고 일부러 심었지."

해마다 홍 여사네 집 앞마당에는 발간 봉숭아가 만발했다. 홍 여사는 꽃잎과 잎사귀와 백반을 그릇에 담고 꽁꽁 찧었다. 꽃잎 뭉텅이를 혜옥 씨와 손주들 손톱 위에 올려주었다. 가위로 자른 비닐로 손가락을 덮고 이불 꿰매는 실로 칭칭 동여맸다. 발갛고 예쁜 색을 기대하며 부러 청한 낮잠은 짧기만 했다. 손가락의 비닐이 벗겨지면서 꽃잎 뭉텅이는 이불에도 물을 들여 놓았다. 고추장 단지에 폭 담갔다가 뺀 것 같은 열 손가락. 마음처럼 꽃물이 예쁘지 않아 입을 삐죽거리는 손주들을 보며 홍 여사는 꽃을 본 듯이 웃었다.

"평생 누워만 지내더라도, 강 서방, 그저 살아만 주시게. 우리 딸이랑 애들 두고 가지 말게."

사위의 병시중을 들던 노년이었다. 가진 것도 배운 것도 없는 사위였지만, 갑천 씨의 서글서글한 말과 행동이 홍 여사 마음에 쏙 들었었다.

'우리 장모님 최고!'라며 홍 여사를 번쩍 안아 들던 사위는, 병과 함께 마른 대추처럼 쪼그라들었다. 커다랗던 사위의 몸은 작은 침대 하나로 충분해졌다. 점점 작아지는 사위를, 역시 작아져 가는 홍 여사가 보살폈다. 출근하는 혜옥 씨를 대신해 홍 여사는 갑천 씨의 몸을 뒤척여 마른 수건으로 닦았다. 갑천 씨의 소변줄을 살피고 대변을 치우면서도, 제발 살아만 달라고 홍 여사는 읊조렸다. 갑천 씨가 떠나고 머지않아 혜옥 씨의 아버지도 세상을 떴다. 혜옥 씨는 부모에게 참척의 슬픔을 안긴 불효를 저질렀다.

"우리 부모님은 늘 말씀하셨지. 의젓하지 않은 일은 하지 말라고."

해마다 이른 봄이 되면 혜옥 씨 오 남매는 추모 공원에 함께 모신 부모를 방문한다. 혜옥 씨의 어머니 아버지 사진과 유골함을 유리창 사이에 두고 추모한다. 두 분의 말씀과 모습들을 추억한다. 코로나로 인해 마스크 속에서 차고 넘쳤던 슬픔은 이제 환한 미소와 이야기로 피어난다.

"어여들 가거라."

영정 사진 속 노부부가 조용히 자식들을 배웅했다. 있는 것 없는 것 죄다 싸 주던 그때처럼, 주름진 손들을 오래 흔들었다. 줄 것이라고는 다정한 눈길과 안쓰러운 마음뿐이라는 듯이. 중년을 넘어선 혜옥 씨 오 남매는 그 눈길과 마음을 고스란히 안고 돌아섰다. 부지런한 목련이 하얀 꽃망울을 터뜨리고 있었다.

두 여자의 무해한 우정

 혜옥 씨의 딸이 혜옥 씨 품에 안겨 엉엉 울었다. 깜짝 놀란 혜옥 씨는 딸의 등을 말없이 토닥였다. 딸은 친구의 암 투병 소식을 전했다. 혜옥 씨도 아는 딸의 친구였다. 딸과 비슷한 시기에 결혼해 아이 낳고 잘 산다고 전해 들었었다. 다음 주에 수술 날짜가 잡혔다고 했다.

"우리 딸, 속상하겠네."
"내가 해 줄 수 있는 일이 없어. 무슨 말을 해야 할지도 모르겠어."
"아무 말도 하지 말고 그냥 들어 줘. 친구가 하고 싶은 대로 해 줘."

"응, 알았어. 엄마, 나 배고파."
"그래, 밥 먹자. 어여 와."

 잠시 들렀다 가겠다던 딸이 혜옥 씨 밥을 찾았다. 혜옥 씨가 뚝딱 차려 낸 상에는 잡곡밥, 찐 단호박, 구운 김, 김치, 멸치볶음이 놓였다. 여전히 코끝이 빨간 딸이 한술 뜨자마자 혜옥 씨 핸드폰이 울렸다. 딸도 알고 있는 혜옥 씨의 오랜 친구였다.

 "응, 집에 있지. 소영이 왔어. 지금 밥 먹고 있어. 애 바빠. 금방 갈 거야. 그래, 지금 와. 와서 밥 먹어. 그려."

 나뭇잎만 떨어져도 까르르 웃고, 소설책을 바꿔 읽던 두 여고생은 이십 대 젊은 엄마가 되었다. 각자 먼 곳으로 시집가 자주 만나지 못하는 아쉬움을 손 편지로 달랬다.

 아이들을 재운 깜깜한 밤, 조용히 불을 밝히고 편지지를 펼쳐 볼펜을 쥐었다. 몰래 남편 흉을 보고 자식 키우는 얘기 끝에는 '보고 싶다' 네 글자를 아껴 적었다. 두 여고생은 모든 게 서툰 엄마가 되었고, 각각 남편을 떠나보낸 아내가 되었고, 손주들을 돌보는 할머니가 되었다.

친구가 오길 기다리면서, 혜옥 씨는 딸에게 최근 나갔던 모임 얘기를 했다. 모처럼 참석한 한 명이 수척한 얼굴로 갑상샘암 투병 근황을 전했단다. 곁에 앉은 다른 이가 '요새 갑상샘암 많이들 걸린다, 그거 아무것도 아니다'라고 한두 마디 거들었단다. 투병 중인 친구는 이렇게 한마디 했단다.

"아무것도 아니면, 네가 내 암 가져갈래?"

저마다 다른 슬픔이 있기 마련이다. 어설픈 위로랍시고 건네는 말과 행동은 자기만족일 수 있다. 위로하려고 애쓰지 않는 자체가 나을 수도 있다고, 혜옥 씨와 딸의 공감이 이어졌다. 잠시 후 혜옥 씨 친구가 도착했다.

"소영이 와 있었구나. 오랜만이다."
"잘 지내셨어요. 어쩜 이모는 옛날 모습 그대로예요?"
"그대로긴, 늙었지. 너야말로 그대로다. 더 이뻐졌네."
"왔어? 너도 밥 먹어. 아무것도 없다. 그냥 먹자. 먹고 고구마 쪄 줄게."
"없긴. 이거면 되지. 젓가락 줘."
"어디 갔다 왔어?"
"수영장 다녀오는 길이야. 수중 에어로빅. 물에서 운동하는 건데 재미있어. 오늘따라 수영장에 할매들만 가득한 거 있지. 할매들이 어찌나 시끄럽던지. 혜옥아, 멸치 이거 어떻게 볶은 거니. 맛있네."

두 분이 좋은 시간 보내시라 인사하고 딸은 혜옥 씨 집을 나섰다. 양손에는 혜옥 씨가 만든 반찬들이 한 아름 들렸다. 본인들도 손주를 여럿 둔 할머니면서 다른 '할매'들 얘기하는 것이 재미있어, 딸은 혼자 살짝 웃었다.

자주 연락하지 않아도 무소식이 희소식이겠거니 하는 사이. 나의 연약한 부분을 보여도 부끄럽지 않은 관계. 모처럼 만나 근황을 나누다가 옛 추억을 소환하고 자세한 얘기는 다음에 하기로 하며 맺는 시간. 혼자 애쓰다가 지치지 않도록 같이 노력하는 인연. 천천히 자연스럽게 함께 나이 들고픈 무해한 우정.

집으로 돌아오는 길, 딸은 친구의 전화번호를 찾아 통화 버튼을 눌렀다. 모처럼 긴 통화를 해야겠다고 생각하면서.

책 읽는 혜옥 씨의 말들

"엄마, 나랑 같이 책 읽자."
"책? 갑자기 무슨 책이야."
"내가 주는 책 읽고 아무 얘기나 하면 돼."
"아이고, 요새 눈이 어두워 성경책 읽기도 힘들어, 얘."
"한번 해 보자. 하자, 엄마, 응?"
"우리 딸을 내가 어떻게 이기냐. 알겠다, 알겠어."

44세 딸과 66세 혜옥 씨의 독서 모임이 시작되었다. 같은 책을 각자 읽고 만나 이야기를 나누었다. 책 이야기 속에 혜옥 씨의 주옥같은 어록이 반짝였다.

"네가 알아서 해라."

 혜옥 씨가 자식들에게 가장 많이 했던 말 중 하나다. 자율과 방임 사이 그 어딘가에 있는 발언은 책 모임을 할 때도 여러 번 언급되었다. 혜옥 씨는 딸에게 읽을 책도, 만나는 시간과 장소도 알아서 정하라고 했다. 딸은 다 알아서 했다.

"네 외할머니가 풍산 홍씨였잖니."

 영조, 사도세자, 정조로 이어지는 부자의 비극과 불통에 관한 책을 읽고 화성 행궁을 함께 거닐었다. 1795년 화성 행궁 내 봉수당에서는 사도세자의 부인이자 정조대왕의 어머니인 혜경궁 홍씨의 환갑연이 있었다. 이곳저곳을 돌면서 혜옥 씨는 자신의 어머니 홍 여사가 풍산 홍씨였음을 강조했다. 자부심이 가득했다. (영화 〈한산〉을 함께 볼 때는 외가가 덕수 이씨 충무공파임을 무한 반복했다.)

"그래도 자식한테 '악마'는 너무 하네."

 수원 출신 여류 화가의 책을 함께 읽었을 때였다. 혜옥 씨와 딸은 화가의 생가터를 거닐고 차를 마셨다. 1920년대 초반, 당시로서는 파격적인 결혼과 이혼과 재혼을 감행한 삶이 얼마나 고단했을지 감정 이입을 했다. 혜옥 씨는 자식을 '살점을 떼어 가는 악마'라고 표현한 건 너무하다고 했다. 그런 혜옥 씨가 딸 보고는 종종 '(예쁜) 도둑'이라고 했다.

"너희들 키울 때 이런 책이 있었더라면."

혜옥 씨의 삶은 '돌봄'의 연속이었다. 이웃집 아이를 돌봐 주고, 급식실에서 어린이들을 먹이고, 어린이집에서 영유아를 살폈다. 양육자가 아닌 관찰자의 시선으로 어린이들과 나눈 대화를 담은 책을 읽은 직후였다. 혜옥 씨는 이런 책들이 진작에 있었으면 좋았겠다고 토로했다. 어린이였던 시절은 누구에게나 있다. 어린 어른을 존중하고 대접할 줄 아는 진정한 어른이 많아지길 바랐다.

"딸아, 페미니즘이 뭐니?"

혜옥 씨는 딸에게 같은 질문을 두 번 했다. 동성의 연인을 데려온 딸을 둔 보호사 어머니의 이야기를 담은 소설을 읽으며 한 번, 책 제목에서 '82년생'이란 단어를 보고 아들부터 떠올렸던 다른 소설을 읽으며 또 한 번이었다. 지금이 어떤 시대인데 남자 여자 구분해 차별하냐고, 혜옥 씨는 단호하게 말했다.

"그만하긴, 계속해야지."

이제 세월호 지겹다고, 그만 좀 얘기하라는 지인에게 혜옥 씨는 버럭 화를 냈다고 했다. 타인의 슬픔을 공부한다고 뭔가를 하는 건 아닐 것이다. 그러나 적어도 뭔가를 하지 않아야 하는 법을 배운다는 얘기에, 혜옥 씨는 격하게 고개를 끄덕였다.

"우리 딸은 내가 좋아하는 책을 잘 고르네."

혜옥 씨와 딸이 시작한 책 모임의 첫 질문은 언제나 별점과 소감 나누기였다. 첫 번째 책인 『친절한 복희 씨』부터 마지막으로 읽은 그림책 『딸은 좋다』까지, 혜옥 씨의 별점은 5점 만점에 늘 5점이었다. '내가 뭐라고 작가가 공들여 쓴 책에 점수까지 매기냐'라고 멋쩍어하면서도 다섯 손가락을 쫙 펴며 열없게 웃었다.

"사돈댁과 사돈처녀는 어쩜 그렇게 글을 잘 쓰니."

『엄마를 부탁해』 책 모임의 회원은 혜옥 씨, 혜옥 씨의 딸, 혜옥 씨 딸의 시어머니와 시누이였다. 책을 각자 읽고 소감을 카톡으로 나누었다. 처음이자 마지막 책 모임이 되었지만, 혜옥 씨는 그때 얘기를 자주 꺼내곤 했다.

"너한테 하고 싶은 말들을 작가가 알아서 해 주는 것 같다."

혜옥 씨는 책을 빨리 읽었다. 다음 책이라고 딸이 주고 가면, 그날부터 책을 읽기 시작했다. 눈은 침침하고 목이나 허리도 아팠지만, 부지런히 읽었다. 딸이 하라는 대로 메모도 했다. 딸에게 하고 싶은 이야기를 책 속에 적었다. 언젠가 혜옥 씨가 세상을 떠나고 나면, 딸이 읽어 주기를 바라면서.

"우리 딸 덕분에 책도 읽고 데이트도 하니 좋네. 딸 있어서 좋네."

혜옥 씨의 그 말을 오래오래 듣고 싶어서, 딸은 계속해서 좋은 딸이 되고 싶어졌다.

아빠에겐 네가 꽃

"우리, 거기 같이 갈래?"

아침 일찍 혜옥 씨가 딸에게 전화를 걸었다. 혜옥 씨의 딸은 갑작스러운 일정에 민감한 편이다. 딸의 내키지 않는 듯한 목소리가 마음에 걸린 혜옥 씨는 전화를 끊었다. 몇 분 후 딸은 다시 전화를 걸었고 혜옥 씨를 태우러 왔다. 가끔 말은 밉게 하지만, 그래도 딸은 혜옥 씨에게 언제나 효녀 중의 효녀다.

혜옥 씨의 아이들이 어렸을 때 여승 하나가 집에 시주를 온 적이 있었다. 혜옥 씨는 쌀 한 줌을 시주하고 물 한 잔을 권했다. 시원하게 물을 들이켜던 여승은 옆에서 놀고 있던 혜옥 씨의 아이들을 보면서 말했다. 딸은 효녀고, 아들은 고집 좀 세겠다고.

며칠 전 혜옥 씨의 꿈이 좋지 않았다. 정확히 기억나지는 않지만, 남편 갑천 씨가 나왔던 것 같다. 뭔가 어둡고 습한 분위기가 마음에 걸렸다. 새벽기도를 다녀와서도 마음이 정돈되지 않았다. 혜옥 씨는 갑천 씨를 보고 와야겠다는 생각이 들었다.

혜옥 씨와 딸이 함께 고속도로를 달렸다. 도심을 통과해 조용한 골목의 커다란 기와지붕이 보였다. 내 남편, 갑천 씨 위패를 모신 절이다. 주차장에 차를 세운 뒤 엘리베이터를 타고 대웅전으로 향했다. 정원의 소나무는 잘 정돈되어 있었다. 손가락으로 터치해 위패 번호와 위치를 찾을 수 있는 기계도 있었다. 공사를 진행했는지 예전보다 말끔하고 으리으리했다. 돈 많이 들었겠다, 절이 아예 없어지는 일은 없겠다, 얘기를 주고받으며 혜옥 씨와 딸은 대웅전으로 들어갔다.

"네 아빠 어디 있니? 너무 높아서 보이지도 않네."

"찾았다. 저기 열세 번째 줄에 있네. 내가 사진 찍어서 보여 줄게."

그곳엔 남편 갑천 씨의 사진이나 위패가 따로 없다. 다섯 자리 고유번호와 이름 석 자가 전부다. '절 말고 추모공원에 안치할걸 그랬나?' 혜옥 씨는 가끔 후회했다. 혜옥 씨의 딸은 '여기가 아빠 집 같다'라고 말했다. 좋아하는 향 내음 맡으며, 목탁 소리 불경 소리 들으며, 목침을 베고 누워 자고 있을 것 같다고도 했다. 딸의 얘기를 들으니 혜옥 씨도 그럴 것 같다는 생각이 들었다.

"나는 이 향냄새가 그렇게 싫었다."
"정말? 아빠 따라 같이 절에 가길래 전혀 몰랐네."

일 년에 단 이틀만 쉬었던 남편 갑천 씨는 초파일만큼은 해가 떨어지기 전에 집으로 왔다. 가족들을 용달차에 태우고 가까운 절에 갔다. 구겨진 천 원짜리 지폐를 불전함에 넣었다. 어린 남매는 키득거리다가 갑천 씨를 따라서 눈을 감았다. 황금빛 부처님을 보면서 두 손을 모았다. 혜옥 씨도 남편을 따라서 눈을 감고 두 손을 모았지만, 향냄새는 좀처럼 익숙해지지 않았다.

혜옥 씨는 새 학기마다 쓰는 가정환경조사서 종교란에 '부-불교, 모-무교'라고 쓰곤 했다.

"엄마, 우리 여기서 밥 먹고 갈까?"
"우리 딸 운전 많이 해서 맛있는 거 사 주려고 했는데."
"절밥을 언제 먹어 보겠어. 난 좋아. 엄마는?"
"그려, 그럼."
"아빠는 고기 좋아했는데 절에 있으니 맨날 풀만 먹겠네."
"그치. 네 아빠는 고기 좋아했지."

대웅전 계단을 내려왔다. 공양간 푯말이 보였고 사람들이 줄을 서 있었다. 젊은 사람도 간간이 보였지만 연세 지긋한 어르신도 많았다. 혜옥 씨와 딸도 그 줄에 합류했다.

"엄마, 저쪽에 계신 분, 아빠랑 체형이 비슷한 것 같지 않아? 등산복 입은 것 보니 산에 갔다 오시나? 연세는 칠십 정도 된 것 같지? 아빠 살아 있었으면 올해 몇이지?"
"그래, 딱 네 아빠 같네. 네 아빠 살아 있었으면 작년에 칠순이었는데."

고기가 들어가지 않은 미역국과 나물 세 가지를 보리밥 위에 담뿍 올렸다. 고추장과 참기름을 휘휘 두르고 쓱쓱 비벼 한입 가득 넣었다. 창밖으로 보이는 초록 배경이 입맛을 돋우었다.

"아빠, 잘 먹었습니다! 엄마도 맛있게 먹었지?"
"그래. 잘 먹었다. 소영 아빠, 나도 잘 먹었어요."
"꽃이라도 좀 사 올 걸 그랬다."
"네 아빠한테는 네가 꽃일 텐데, 뭐."

두 번 절을 하고 한참 아빠 이름을 바라보는 딸과, 가만히 앉아 기도하는 혜옥 씨. 자주 접할 수 없는 향내를 맡으며 콧구멍을 벌름대는 딸과, 질색이었던 향냄새가 이제는 그런대로 괜찮아진 혜옥 씨. 다음에는 애들이랑 같이 오겠다고 아버지에게 큰 소리로 인사하는 딸과, 자주는 못 오겠지만 잘 있으라고, 그곳에서도 우리 애들 지켜 달라고 작게 속삭이는 혜옥 씨.

그해 오월, 소복을 입고 오열하던 모녀는 이제 각자의 방식으로 남편을 애도하고 아빠를 추억한다. 단단하고 정겨운 마음을 담아 두 사람의 갑천 씨를 그리워한다.

CHAPTER. 3

갑천 씨와 혜옥 씨의 딸

아빠가 죽었다

"왜 이렇게 전화를 안 받니. 아빠 오늘 넘기시기 힘들대. 빨리 병원으로 와."

무슨 정신으로 학교를 나와 택시를 잡아탔는지 모르겠다. 병원에 아는 사람이 있냐고, 직업이 간호사냐고 이죽거리는 택시 기사에게 짜증을 냈다. 집어 던지듯 택시비를 내고 차 뒷문을 세게 닫았다. 페인트칠이 벗겨진 낡은 건물은 비를 맞아 짙은 회색빛이었다. 나의 아빠가 수개월째 누워 있는 요양병원.

엘리베이터를 기다리지 못하고 급히 계단으로 뛰어 올

라갔다. 중환자실의 자동문을 다급히 통과했다. 인공호흡기의 압축기 소리만이 가득한 곳. 의료진의 나지막한 대화조차 없었다. 가장 구석에 있는 침대에 나의 아빠가 눈을 감고 누워 있었다. 어제와 다르지 않은 모습. 하얀 천이 얼굴을 덮고 있으면 어쩌나 걱정했는데. 아빠에게 마지막 인사를 할 시간이 아직 남아 있는 걸까.

그러고 보니 콧줄이 보이지 않았다. 손등에 꽂혀 있던 주삿바늘도, 침대 곁의 링거병도 사라졌다. 인공호흡기의 전원도 꺼져 있었다. 아빠의 오뚝한 콧대를 제대로 보는 것도 정말 오랜만이었다. 콧줄에 가려 잘 보이지 않던 입도, 초점 잃은 눈도 굳게 닫혀 있었다. 저 코가 숨을 쉬고, 저 입술이 벌어져 내 이름을 불러 주었으면. 저 눈이 다시 한번 떠져 나와 눈 맞춰 주었으면. 떨리는 손으로 아빠의 얼굴을 만졌다. 아직 이렇게 부드럽고 따뜻한데.

"얘들아, 아빠 편안하게 가셨어."

엄마의 목소리는 가뭄 끝 논바닥처럼 쩍쩍 갈라지고 있었다. 나는 세상에서 가장 사랑하는 아빠의 마지막을 보지 못한 딸이 되었다.

피딱지가 엉겨 붙은 망사 붕대 모자도 벗겨져 있었다. 숱 적은 아빠의 푸르스름한 머리를 두 계절 만에 보았다. 까끌까끌한 머리칼을 손으로 만져 보았다. 두 번을 열었다 닫은 아빠의 머릿속 종양 덩어리도 지금은 모든 숨을 멈췄을까. 이제 아빠는 아프지 않을까.

교복을 입고 서 있는 동생이 연신 손등으로 눈물을 훔치고 있었다. 동생도 나처럼 아빠의 임종을 지키지 못한 걸까. 엄마 옆에서는 외할머니가 손수건으로 눈물을 찍어 내고 있었다. 어쩜 엄마는 점점 더 외할머니를 닮아 가고 있을까.

창밖으로 봄비가 계속 내리고 있었다. 오월은 겨울이 되었다.

아빠가 죽었다.
사랑하는 나의 아빠가 더는 세상에 없었다.

장례식장의 남자들

 최초의 조문객은 대학 동기 A였다. 유가족이 입을 소복도, 조문객을 대접할 음식도 준비되지 않았다. A는 분신처럼 쓰고 다니던 야구 모자를 벗어 손에 들고 있었다. 나는 A를 장례식장 구석으로 데려가 어정쩡하게 앉았다. 밤이 깊어 가고 있었다.

"늦은 시간에 어떻게 왔어."
"당연히 와 봐야지."
"고맙다. 그건 그렇고. 내일 어떻게 하냐."
"어떻게든 되겠지. 깡소, 너는 네 걱정이나 해."

A는 걱정을 혼자 떠맡았다. 어쩔 수 없었지만, 아쉬운 건 사실이었다. 몇 시간 전만 해도 우리는 학생회관 4층에서 내일 있을 공연을 준비하고 있었다.

나는 중국어과에 입학했고, 원어 노래 동아리에 들어갔다. 동아리 이름 '하오팅'(好聽)은 중국어로 '듣기 좋다'라는 뜻이다. 중국어 노래뿐 아니라 민중가요도 배우고 불렀다. 교내 집회가 있을 때면 '바위처럼'을 부르고 춤을 추었다. '임을 위한 행진곡'을 부르며 함께 주먹을 불끈 쥐었다.

오월 축제 때 우리는 문과대학 앞 잔디밭에서 예닐곱 곡의 중국 노래와 민중가요를 부를 예정이었다. 반주를 맡은 나는 귀로 코드를 따고 손으로 악보를 그렸다. 함께 입을 모은 조화로운 순간은 다름을 닮음으로 그려 가는 보람이 있었다. 두 달 동안 빈 강의실과 학생회관에서 연습했다. 수업을 마치고도 계속된 연습은 매일의 뒤풀이로 이어졌다. 각자 또 함께 반짝이던 시절이었다.

병원에 의식 없이 누워 있는 아빠도, 미루고 미뤄 몰아서 해야 하는 과외 알바도, 그 순간만큼은 잠시 잊을 수 있었다. 오롯이 숨 쉴 수 있었다.

나의 의지로 기쁜 숨을 쉬던 바로 그 순간, 아빠는 차가운 기계 장치에 의지해 쉬던 가쁜 숨을 멈춰 가고 있었다.

 A는 아빠의 영정 사진 앞에 서서 눈을 감고 고개를 숙였다. 조문객 방명록 첫 장에는 A의 이름 석 자와 조의금 이만 원이라는 글씨가 남아 있다. 내게는 수백만 원으로도 갚지 못할 고마운 존재로 남아 있다.

 "아, 네가 어떻게 여기에……."
 "양복을 빌려 입고 오느라 늦었네. 잘 지냈어?"

 B를 이곳에서 다시 만날 줄이야. 나는 지금 화장 안 한 얼굴에 두꺼운 안경을 쓰고 있는데. 소복을 입고 하얀 리본 핀을 머리에 꽂고 있는데. 아빠를 잃은 슬픔보다 널 마주한 당황함이 더 크면 안 되는 걸 알고는 있는데.

 서로를 향한 호감을 확인하기도 전에 여러 이유로 멀어진 사이였다. 인사만 하고 갈 줄 알았던 B는 장례식장의 마지막 밤을 오래 지켰다. 이 상 저 상으로 쟁반을 들고 다니며 음식을 내고, 삼촌들의 심부름을 도맡았다. 내게 먹을 걸 권하기도, 다른 조문객들로부터 잔을 받기도 했다. B의 마음은 고마웠지만 부담스러웠다. 장례식 후, 우리는 자연스레 다시 멀어졌다.

"오매, 갑천 형님. 이리 가시면 우짭니까."

C는 얼굴이 검고 전라도 사투리를 썼다. 빈소의 영정 앞에 쓰러져 오열했다. 고등학생 상주의 손을 잡고 한참 울먹였다. 한 사내의 갑작스러운 방문에, 조용하던 밤의 장례식장이 다시 장례식장다워졌다.

엎드려 울던 C는 상으로 자리를 옮겨 밥과 국과 술과 전을 먹었다. 오가는 사람들에게 나의 아빠에 관한 이야기를 하며 술을 권했다. 내 손을 잡고 나도 모르는 이야기들을 한참 했다.

나도 엄마도 C가 누구인지 몰랐다. 한 끼 해결하기 위해 들른 아빠의 가난한 지인이든 상관없었고, 생판 모르는 행인이든 괜찮았다. C의 이야기를 귀 기울여 들을걸, 후회만 남았다. 내가 몰랐던 (혹은 그가 꾸며 냈을지도 모를) 아빠의 이야기를 잘 듣고 기억할걸, 아쉬움만 남았다.

아빠의 장례식 동안 무섭고 두렵고 힘이 들었다. 그럼

에도 아빠를 기억하고 나를 위로하는 마음들 덕분에 힘낼 수 있었다. '어떻게 살고 있을까?' 하는 물음표보다는 '잘살고 있겠지……' 하는 말 줄임표로 남을 장례식장의 남자들. 그들의 다정과 온기가 함께했던 사흘이었다.

4월의 신부

'우리가 함께 맞이하는 일곱 번째 가을, 유독 반짝이던 첫 여름을 아로새기며 이제는 평생 서로의 계절이 되려고 합니다.'

MZ 세대의 청첩장 문구는 한 편의 시였다. 경사보다는 조사가 점점 많아지는 요즘, 모처럼 도착한 좋은 소식. 예비 신랑 신부의 밝은 미소를 보며 내 마음에도 반짝 불이 켜졌다. 오랜만에 내 청첩장도 꺼내 들었다.

'풀꽃향기 그윽한 봄 햇살 아래서 사랑하는 한 쌍의 젊음이 인연을 맺고자 합니다. 새 인생을 출발하는 두 사람

을 가까이에서 축복해 주시면 더 없는….'

 그때는 나름대로 신경 쓴 문장이었는데 왜 이렇게 촌스럽게만 느껴지는지. 차마 다 읽지 못하고 혼자 웃어 버렸다. 카드 앞면의 새끼손톱 반만 한 진주도, 고운 리본도, 반짝이 가루도 그대로였다. 텅 비어 있는 신부 측 아버지의 자리도, 역시 그대로였다.

 뉴질랜드로 어학연수를 떠났다. 부산 오빠를 만나 공부도 하고 연애도 했다. 처음에는 잘생긴 외모가 눈에 들었지만, 지내는 동안 무난한 성격이 더 마음에 들었다. 무엇보다 엄마가 그를 좋아하리라고 확신했다. 귀국해서는 부산과 인천을 오가며 한 달에 두어 번 만났다. 장거리 연애 4년 동안 얕게 다투고 깊이 사랑했다. 그의 졸업과 취업 후 자연스레 결혼 이야기가 오갔다.

"소영이가 참 싹싹하고 조신하니 요즘 아 같지 않습니다."
"나이만 먹었지, 아무것도 할 줄 몰라요."
"처음부터 잘하는 사람이 어데 있습니까. 천천히 배워 가는 거죠."

 K 장남과 K 장녀의 첫 혼례였다.

예비 신랑 신부도, 양가 부모님도 모두 처음이었다. 부산 달맞이 고개에 있는 중식당에 상견례 자리를 마련했다. 먼 길 고생하셨다, 날씨가 겨울치고 포근하다, 짧은 대화와 긴 정적이 반복되었다. 익히 들었지만 참 멋쩍고 멋없는 시간이었다.

처음 입은 치마 정장이 불편해서 벗고 싶었다. 예비 현모양처 연기를 그만두고, 평소답지 않은 얌전한 미소도 벗어 버리고 싶었다. 엄마 옆에는 큰외삼촌이 앉았다. 내 엄마가 남자친구 엄마보다 더 깊이 고개 숙여 인사를 하는 것도 맘에 걸렸다. 딸 있으면 비행기 타는 세상이라는데, 나의 엄마는 '딸 가진 죄인'의 편하지 않은 미소를 짓고 있었다. 결혼식에 대한 선택권을 주어도 자꾸 양보만 하는 엄마 모습에 짜증이 났다. 이 자리가 어서 끝나길 바랐다.

신랑 집에서 결혼식 날짜와 시간을 받아왔다. 양쪽 집 모두 넉넉한 형편은 아니었지만 뭔가를 빼먹으면 큰일 나는 줄 알았다. 식장과 신혼여행을 예약했다. 혼수, 패물, 예단, 웨딩 촬영 등 생소한 단어들로 정신없이 몇 주가 흘렀다. 지금 와서 생각해 보니 생략해도 전혀 아무 일 없는 것들이었다.

그리고 그날이 되었다. 양가 어머니들의 화촉 점화로 결혼식이 시작되었다. 신랑 입장에 이어 신부 입장. 한 손으로 부케와 드레스를 함께 움켜쥐었다. 다른 한 손으로는 큰아버지와 팔짱을 꼈다. 세상 얌전한 신부로 보이고 싶은 마음에 두 눈을 내리깔고 사뿐사뿐 걸었다. 이제 곧 남편이 될 부산 오빠의 손을 잡고 주례 선생님의 말씀을 들었다. 신랑의 축가와 만세 삼창이 이어졌다. 단체 사진을 찍고 폐백과 피로연으로 결혼식이 끝났다. 결혼식 내내 단 한 번도 엄마와 눈을 맞추지 않았다.

결혼식 비디오를 돌려 보다가 일시 정지 버튼을 눌렀다. 신부 입장 직전으로 돌아가 다시 재생 버튼. 나만의 상상 속 장면이 펼쳐진다. 양복을 입은 아빠가 어색하게 서 있다. 웨딩드레스를 입은 내가 아빠의 타이를 바로 매준다.

"아빠, 잘할 수 있지? 우리 연습 많이 했잖아."
"그럼. 근데 암만해도 우리 딸 아까운데. 저놈한테 안 주고 싶은데."
"여기까지 왔는데 어떻게 그래. 잘 살게, 아빠."
"그래, 우리 딸이 좋다면 좋은 거지. 네 눈에 눈물 나게 하면 바로 아빠한테 전화해. 당장 달려가서 혼내 줄게."

"그럴게. 아빠, 이제 진짜 시작해. 왼발부터 알지?"
"응, 알지. 우리 딸 진짜 안 보내고 싶지만. 일단 한번 가 보자고."

아빠를 매일 떠올리지는 않지만, 굵직한 기쁜 일이 있을 때마다 상상한다. 아빠라면 이럴 때 어떤 표정을 지었을까, 어떤 말을 했을까. 나의 아빠는 유쾌하고 즐거운 사람. 눈물 많고 정 많은 사람.

딸과 눈을 맞추며 함께 스텝을 밟던 결혼식 전날의 아빠, 텅 빈 딸의 방에 들어가 남몰래 눈물을 훔치는 아빠, 사위가 따르는 술 한 잔에 기분 좋게 취해 갈지(之)자로 걷는 아빠, 외손주의 작고 말랑한 손을 잡고 과자를 사러 나가는 아빠……. 만날 수 없는 아빠의 모습들이 봄밤의 꿈처럼 뿌옇게 멀어져 간다.

여름의 김밥

"오늘 메뉴 김밥? 나는 안 자르고 길게 먹고 싶어."
"엄마, 나도!"

김밥을 자주 싼다. 계란 지단을 부치고, 햄과 맛살 당근을 길게 잘라 볶는다. 단무지, 우엉, 오이도 길쭉하게 자르면 재료 준비 끝. 고슬고슬하게 지은 밥에 식초, 소금, 참기름, 깨소금으로 간을 해서 살짝 식혀 둔다. 김발을 펼치고 그 위에 김 한 장을 올린다. 거슬거슬한 면이 위로 오게 한 뒤 간을 한 밥을 얇게 편다. 빨강, 주황, 노랑, 갈색, 초록, 무지갯빛 재료들을 가지런히 모아 올린다. 김발 끝부터 잡아 쥐고 꾹꾹 눌러 가며 돌돌 말아 준다.

참기름을 바르기도 전에 김밥을 찾는 손들이 분주하다. 역시 김밥집 딸 출신은 다르다는 남편의 말에 눈을 흘긴다.

"김밥집은 내 인생 오점 중의 하나였어. 애들 말로 흑역사다, 흑역사."

엄마는 처음이자 마지막 음식 장사를 그렇게 회상했다. 이십여 년 전, 엄마는 남고 앞 분식집의 사장님이었다. 간판에는 빨간 바탕에 하얀색으로 '엄마 김밥'이라고 쓰여 있었다.

가장이 된 엄마는 그 책임감에 자주 불안해했다. 부동산이나 사업 투자처럼 엄마에게 어울리지 않는 단어들로 종종거렸다. 일 년간의 어학연수 후 돌아온 집은 그전까지 살던 아파트가 아니었다. 김밥집 건물의 3층 빌라는 낯설고 불편하고 싫었다. 낮에는 김밥집에서 배달과 서빙을 하고, 저녁에는 학원 강사 일을 했다.

"아줌마, 라면 두 그릇이랑 김밥 두 줄 주세요."
"여기 국물 더 주세요."

김밥 한 줄에 천 원, 라면 한 그릇도 천 원이었다. 장성한 남학생 냄새와 음식 냄새가 한데 섞이고 엉켰다. 주방에서는 엄마의 손과 발이 바빴고, 홀에서는 내 손에 들린 쟁반이 분주했다. 바쁘고 분주해도 수입은 늘 빠듯했다.

그러던 어느 날, 대량 주문이 들어왔다. 무려 김밥 오십 줄. 한 블록 건너 방문 판매 화장품 사무실이었다. 엄마는 새벽부터 일어나 김밥을 쌌다. 바쁜 손놀림에서 신명이 묻어났다. 나는 옆에 앉아 김밥을 한 줄씩 은박지로 돌돌 말아 포장했다. 가게를 비울 수 없는 엄마 대신 내가 김밥 오십 줄을 배달하기로 했다. 엄마가 김밥 오십 줄을 노란색 장바구니 안에 차곡차곡 채워 넣었다. 나는 달리듯 걸어서 김밥을 배달했다. 장바구니째 두고서 돌아오는 길, 후드티의 모자를 깊게 눌러 썼다. 스물세 살의 나는 김밥 배달이 조금 부끄러웠다.

가게에 돌아와 숨돌리는 순간, 전화벨이 울렸다. 평소와는 어딘가 다르게 들리는 벨 소리. 엄마가 수화기를 들었다. 몇 마디 나누더니 나를 앞장세워 어딘가로 향했다. 조금 전에 내가 단체 주문 김밥을 배달했던 사무실이 있는 건물이었다.

짙은 화장을 한 여자가 팔짱을 끼고 사무실 문 앞에 서 있었다. 노란 장바구니 안에는 은박지로 돌돌 만 김밥이 그대로 들어 있었다. 펼쳤다가 도로 싼 듯한 몇몇 은박지 사이로 재료가 흩어진 김밥이 보였다. 여자는 발로 장바구니를 툭 차며 말했다.

"아줌마, 김밥 오늘 싼 거 맞아?"
"그럼요. 오늘 아침에 싼 거죠. 왜 그러세요?"
"아니, 김밥 맛이 좀 이상해. 재료 오래된 거 아냐?"
"그럴 리 없어요."

엄마는 그럴 리 없다는 말만 반복했다. 그러더니 김밥 하나를 손으로 집어 입에 넣고 거칠게 씹었다. 아무렇지도 않다는 말을 반복했다. 여자는 김밥값을 내지 않겠다고 했고, 엄마는 그런 법이 어디 있느냐고 따졌다. 여자는 끝까지 반말했고, 엄마는 끝끝내 존댓말을 했다.

"멀쩡하기만 하네. 뭘 상했다고 그래? 여편네들 까탈스럽긴."

사무실로 쳐들어갈 때 나를 앞장세웠던 엄마는, 가게로 되돌아올 때는 본인이 앞서 걸었다. 나는 장바구니를 들고 한 발짝 뒤에서 걸었다. 바구니 안에는 김밥 오십 줄이 그대로 들어 있었다. 혼잣말처럼 역정 내는 엄마의 떨리는 음성. 후드티 모자를 깊게 눌러 쓰고, 스물세 살의 나는 엄마 몰래 눈물을 닦았다.

불금의 혼술

남편의 회식이 잦아졌다. 남매의 귀가도 늦어졌다.

금요일 저녁에 회식하는 회사가 요새 어디 있다고. 남편의 무사 귀가를 바라며 연락을 기다리는 게 또 다른 일과가 되었다. 중고생 남매의 학원 시간도 늦어졌다. 평일에는 네 식구 다 같이 저녁 한 끼 먹을 수 없었다. 점점 더워지는 날씨에 얼음 잔에 담은 맥주 한 모금은 나에게 선물하는 행복이었는데. 남편과 남매를 태우러 운전해야 하니 참아야만 했다.

"여보, 나 전철역에 도착했어요. 조금 마셨어요, 딸꾹!"

술잔을 부딪치다 이어진 남편과의 인연을 인정하지 않는 건 아니다. 하지만 이럴 때마다 걱정은 짜증으로 바뀐다. 이제 나이도 있는데 이기지도 못할 술을 왜 그리 퍼마시나. 만취해서 종점까지 가는 일은 남의 일 아니었나. 전화를 끊자마자 한숨을 뱉었다. 입으로 구시렁대면서 주차장으로 가서 자동차 시동을 걸었다. 이렇게 기분이 별로일 때는 한 잔 시원하게 마셔 줘야 하는데!

 나 역시 술을 좋아했다. 대학교 신입생 대부분처럼 일주일에 네 번 술을 마시는 주(酒)사파이기도 했다. 술집의 시계는 쏜살같았고, 나는 자주 취했다. 나의 술버릇은 끝까지 자리에 남는 것이었다. 새벽까지 웃고 울었고, 다시 웃으며 집으로 향했다.

 나는 엄마가 원하던 고등학교에 입학했다. 왕복 두 시간이 넘는 곳이었다. 공부 좀 했다는 인천의 중학생들은 입학과 동시에 고3 수험생이 되었다. 엎드려 자던 수재들의 성적은 나보다 늘 좋았다. 어떤 교사들은 성적(成績)으로, 또 어떤 교사들은 성적(性的)으로 학생들을 대했다. 나의 한계를 깨닫고 좌절하는 삼 년이었다. 어느 대학 갔냐는 대화가 오고 갈 졸업식에는 참석하지 않았다.

그리고 나는 누구도 원하지 않았던 대학에 합격했다. 배우 장국영에게 기대어 전공을 선택했다. 몇 시간이 걸리든 지하철을 갈아타며 등교하고 싶었다. 학교 이름이 들어간 역에서 내리고, 학교 이름이 등에 적힌 점퍼를 입고 교정을 거닐고 싶었다. 하지만 자퇴할 치기도 재수할 용기도 없었다. 지금의 자리에서 열심을 다 할 패기도 없었다. 학교의 장점은 집과 가깝다는 것과 후문 술집의 저렴한 안주뿐이었다.

1학기 중간고사가 끝난 날이었다. 한낮에 시작한 술자리는 한밤이 되어도 끝날 줄 몰랐다. 끝나지 않았으면 싶은 몽롱한 행복이 잔 속에서 찰랑댔다. 얼마나 시간이 흘렀을까. 왼쪽에 아빠가, 오른쪽에 엄마가 내 팔을 단단히 잡고 교정을 걷고 있었다. 흡사 현행범을 체포해 연행하는 모습이랄까. 어? 아빠가 학교에 왔다고? 꿈을 꾸고 있는 걸까? 아빠의 용달차에서도 스무 살 딸의 술주정은 계속되었다. 이번에는 '울고불고'가 시작되었다.

"엄마 친구가 '소영이, 어느 대학 갔어?' 물으면 '어, 그냥 갔어.' 하면서 한숨 쉬는 거, 내가 모를 줄 알아? 나라고 여기 오고 싶었겠어? 엄마 아빠가 나한테 해 준 게 뭐 있어? 나보고 어쩌라고!"

번쩍. 왼쪽 뺨에 불이 붙었다. 딸깍. 모든 게 깜깜해졌다. 퇴근한 아빠는 집에 들어오자마자 나를 찾았다. 뺨을 어루만지고 눈의 실핏줄을 살펴보았다. 투박한 손길, 안타까운 눈길. 비언어적인 것들이 오래 기억에 남을 때가 있다. 그때가 바로 그랬다.

덜컥. 차의 시동을 껐다. 삐리릭. 현관 도어록을 열었다.

전철역에서 남편을, 학원가에서 남매를 태워서 집으로 돌아왔다. 모두가 방문을 닫았고, 나는 냉장고를 열었다. 오늘은 캔을 비우기보다 잔을 채우고 싶었다. 고요한 식탁에 앉았다.

맑은 소주를 넘치지 않게 채웠다. 과거의 무수한 술잔 속에 아빠와 마주친 잔은 없었다. 어째서 아빠한테 술을 배우지 못했는지 한스러웠다. 딱 한 잔만 함께 할 수 있다면. 딱 한 번만 함께 술자리를 할 수 있다면. 딱 한 번만 아빠의 손길과 눈길을 느낄 수 있다면. 딱 한 잔을 입에 털어 넣었다.

이슬 한 모금이 내 목을 지나갔다. 몸속 어디로 흐르는 중인지 온전히 느껴지는 한 잔. 웃는 듯 우는 듯 두꺼비

한 마리가 나를 보고 있었다. 그 마음 다 알고 있다는 듯이.

'아빠, 오늘 밤에는 나랑 한잔해요.'

맑은 소주를 한 잔 더 따랐다.
잔에 담기는 소리가 또르르 맑게 울렸다.

혜화역에는 대학로만 있는 게 아니다

혜화역 2번 출구로 올라왔다.
'이곳에 와 본 적이 있었던가'
순간 '서울대학교병원'이라는 역명이 보였다. 흐린 기억이 또렷해졌다.

마로니에공원은 옛 서울대학교의 문리대와 법대가 자리했던 곳이라고 한다. 가시칠엽수의 프랑스 이름 '마로니에'가 많이 심어진 공원이다. 꿈과 낭만이 어린 문화예술의 거리로, 다양한 연령대의 사람들이 활동하고 있었다. 이곳은 그런 곳이었다. 이십오 년 전 나에게는 전혀 그렇지 않았지만.

매년 가을, 마로니에공원에서 여성들의 글쓰기 대회가 열린다. 벌써 마흔 번이 넘었다는데 이런 행사를 이제야 알았다니. 책 읽기를 좋아하고 교내 백일장에도 나갔던, 나름 왕년의 '문학소녀'였는데 말이다.

시, 산문, 아동 문학 분야 가운데 산문 분야에 접수했다. 글쓰기 주제가 현장에서 정해졌다. 나누어 주는 원고지 스무 장과 필기구, 간식을 받았다.

주어진 시간은 세 시간 남짓. 카페 야외 테이블에 자리를 잡았다. 얼마 전까지 시원하던 아메리카노가 부쩍 차갑게 느껴졌지만 아직은 괜찮았다. 아직 여물지 않은 은행나무 아래로 지나가는 바람이 서늘했지만 그래도 괜찮았다. 가을 하늘도 구름도 공기도 햇살도 다 괜찮았다.

괜찮지 않은 건 수시로 들려오는 구급차 사이렌 소리뿐이었다.

"또, 신파 쓰려고?"

시작도 못 하고 한참을 멍하니 있었다. 펜을 들었다 놓고, 연필을 들었다 놓았다. 썼다 지우기를 반복하던 중

지인의 한마디가 날아와 박혔다. 악의 없이 뱉었을 말이 상처가 되었다. '새벽'이라는 주제어를 택해 트럭 운전사 아빠 얘길 쓸까 말까 망설이다가 그만두었다. 나는 아직 아빠 이야기를 쓸 준비가 되지 않았다.

 잊은 채 살아가다가 한꺼번에 몰아치는 기억들이 있다. 지금이 바로 그때가 될 줄 몰랐다. 10월의 어느 멋진 날에서 그때의 겨울로 돌아갔다.

 스무 살의 나는 혜화역 2번 출구에 서 있었다.

 '목도리라도 하고 올 걸.' 떡볶이 단추가 달린 갈색 더플코트의 앞섶을 꼭 여몄다. 장갑을 깜빡한 두 손을 주머니 속에 깊이 찔러 넣고 걷기 시작했다. 방학 중이지만 과외 아르바이트 때문에 일찍 올 수 없었다. 버스와 1호선 전철을 갈아타고 거의 두 시간이 걸렸다. 환할 때 나섰는데 벌써 하늘이 어둑해지고 있었다. 넘어갈 듯 붉은 빛으로 사위어 가는 해를 바라보다가 '후' 하고 긴 한숨을 내쉬었다.

 시끄러운 음악과 번쩍이는 조명을 쳐다보았다. 춤을 추고 노래 부르고 술을 마시며 웃고 떠드는 사람들. 아무 걱정 없어 보이는 그들이 부러워 멈춰 섰다. '지금 이럴 때가 아닌데.' 멈췄던 걸음을 다시 재촉했다. 앞만 보고 달릴 듯이 걷다가 도착한 곳은 대학병원. 한숨을 심호흡으로 바꾸었다. 자동문이 열리길 기다렸다가 안으로 들어갔다.

"밥은 먹었니?"

중환자실에 있던 아빠를 얼마 전 특실로 옮겼다. 파리한 안색의 엄마가 나를 보더니 반색하며 일어섰다. 엄마야말로 한 끼도 온전히 못 먹었을 텐데 늘 자식 밥 걱정이었다. 엄마나 좀 나갔다가 오라고 떠밀 듯 내보내고, 침대 옆 의자에 앉았다. 누워 있는 아빠를 보았다. 초점 없는 눈, 콧줄이 연결된 코, 멍청이같이 벌려진 입, 밤톨처럼 빡빡 깎은 머리, 피 묻은 스테이플러 자국. 대한민국 최고 병원도 별수 없네, 뭐.

쉴 수 없는 엄마가 금방 다시 들어왔다. 엄마와 나란히 앉아 의식 없는 아빠를 바라보았다. 미동도 없는 손발을 만지다가 주물렀다. 오늘은 안 울려고 했는데 또 눈물이 났다. 엄마의 손이 내 어깨 위로 올라왔다.

"엄마, 우리는 왜 여기에 있는 걸까."

다시 혜화역 2번 출구로 올라왔다. 가을날의 글쓰기 대회를 위해서였다.

원고지 스무 장을 들고 카페에 자리를 잡았다. 따뜻한 커피 한 잔을 주문하고 노트북을 펼쳤다. 작년에 열었다가 닫은 기억의 서랍을 열었다. 사이렌 소리에 멈칫하다가 계속해서 기억을 더듬었다. 스무 살의 혜화역을 꺼내 한참 바라보았다. 이제 나는 마주할 수 있을까. 글로 쓸 수 있을까.

아무리 지워도 끝끝내 지워지지 않는 것들이 있다. 오랫동안 마주할 수도, 말로 할 수도 없었던 시절을 이제 글로 쓴다. 더는 소리 내어 울지 않는다. 눈물을 꾹 참고 한 자 한 자 꾹꾹 눌러 쓴다. 마침내 쓰고 만다.

요양보호사의 '사'는

 현직 요양보호사인 엄마의 권유로 요양보호사 공부를 시작했다. 사회적 거리 두기로 인해 4주간의 이론 수업이 온라인으로 대체되었다. 2주간의 현장 실습은 대면 실습으로 변경되었다. 어르신을 돕는 자격증 수업에 어르신 학생이 수두룩했다. 배우는 이도 가르치는 이도 모두 어르신이었다.

 흔히 '중풍'이라고 불리는 뇌졸중이 뇌졸'증'이 아니라는 것을 처음 알았다. 고혈압과 당뇨는 평생 관리하는 질병으로 고단백 저지방 식사가 중요하단다. '욕창' 부분을 공부할 때는 아빠의 굳어 가는 몸을 이리저리 뒤척이던 외할머니의 모습이 떠올라 마음이 무거웠다.

"청각은 가장 마지막까지 남아 있는 감각입니다."

 외할머니의 임종이 임박한 그해 겨울, 가족들이 번갈아 병원을 찾았다. 할머니는 가쁜 숨을 끊어질 듯 잇고 있었다. 할머니 귓가에 대고 말했다. "할머니, 소영이에요. 엄마를 낳아 주셔서 고맙습니다. 아빠를 돌봐 주셔서 고맙습니다. 사랑합니다." 울먹이느라 뭉개진 말이었지만, 할머니는 분명 들으셨으리라 지금도 믿고 있다.

"퀴블러로스 임종 적응 단계를 공부하겠습니다."

 아빠의 뇌종양 선고를 들었을 때 '그럴 리가 없어'라며 부정했다. 왜 하필 우리 집에 이런 일이 일어났을까, 평생 열심히 살아 온 아빠가 무슨 죄일까 분노했다. 그러면서 '일은 벌어졌으니 나 시집갈 때까지만, 나 졸업할 때까지만, 내년 벚꽃이 필 때까지만 살아 있어 주길'이라며 인정하고 타협했다. 점점 슬픔을 말하지 않게 되었고 우울감은 커져만 갔다.

 마침내 아빠가 죽는다는 현실을 체념하고 받아들였다.

의식 없는 아빠를 보며 '차라리 더는 고통 없는 세상으로 향한다면' 하고, 차마 말 못 할 상상도 했다.

"저는 치매 어머니와 함께 살고 있습니다."

첫 소개부터 강렬했던 어르신 교수님 한 분은 치매를 전담했다. 치매는 시험에도 꼭 나오고 문제 풀이도 쉽지 않다고 했다. 교수님은, 벽에 똥칠하고 가족을 몰라보고 아기가 되어 버린 본인의 어머니 이야기를 했다.

치매에 걸린 아버지를 위한 가족의 배려가 담긴 영화 〈장수상회〉를 수업 시간에 함께 보며 다 같이 울었다. 치매 노인의 시선을 다룬 영화 〈더 파더〉의 앤서니 홉킨스의 눈빛이 오래 남았다. 언젠가 다가올 우리 모두의 일상이고 현실이었다.

"음, 아마 가을 문턱에 들어섰으려나."

인생을 사계에 비유하곤 한다. 씨를 심고 싹과 잎과 꽃이 만발하고 시들고 저무는 과정이 인간의 생애와 많이 닮았다. 최고령 어르신 학생에게 어느 계절에 와 계시냐는 질문을 정중히 여쭈었다. 자신의 계절을 꽃도 지고 잎도 저문 겨울이라고 생각하던 최연소 학생은 겸손해지지 않을 수 없었다.

질환, 돌봄, 보호, 죽음에 이르는 여러 주제를 공부하는 동안 멍해지는 순간이 많았다. 어르신 돌보는 일을 배우는 수업인 줄 알았는데, 나를 돌보는 일에 대한 중요성을 되새길 수 있었다. 인생을 공부하는 시간이었다.

"네 할머니의 마지막을 집에서 모시지 못한 게 후회된다."

외할머니를 병원에 두고 퇴근하는 요양보호사 엄마의 발걸음은 돌덩이를 매단 듯 무겁기만 했단다. 집에서 돌보며 더 많이 눈 맞추고 말 걸어 드릴 걸. 한스러운 마음을 딸에게 펼쳐 냈다. 눈물을 훔치는 엄마의 손을 잡으며, 내가 요양보호사 공부를 하는 이유를 찾을 수 있었다.

"변호사는 사람이잖아요. 판사나 검사하고는 달라요. 같은 '사'자 돌림이라도 판사랑 검사는 '일 사'(事) 자를 쓰지만 변호사는 '선비 사'(士)를 쓰죠. 판사랑 검사한테는 사건 하나하나가 그냥 일일지 몰라도 변호사는 달라요. 우리는 선비로서, 그러니까 한 인간으로서 의뢰인 옆에 앉아 있는 거예요."

문득 여름 내내 애정을 갖고 시청한 드라마의 대사가 떠올랐다. 바로 찾아보았다. 요양보호사의 '사'자 역시 '선비 사'(士)였다.

엄마, 단둘이 여행 갈까?

언제부터였을까. 동갑내기 슈퍼스타의 행보에 은근한 뿌듯함과 뭉근한 응원이 시작된 것이.

TV 속엔 유명 여자 연예인과 그녀의 엄마가 보인다. 79년생 딸과 79세 엄마 단둘이 떠나는 여행이라니. 제목부터 너무나 애틋했다.

모녀의 목적지는 엄마가 정한 경주였다. 화보처럼 완벽한 장면과 동시에 모녀간의 날 선 날것의 대화도 오갔다. 말하지 않아도 알 것만 같은 모녀의 모습. 함께 울고 웃고 뭉클했다가 안도했다. 충청도 특유의 느긋하면서도 급한 성향, 긴 건 기고 아닌 건 아닌 화면 속 그녀의 엄마를 보며, 화면 밖 나의 엄마가 떠올랐다.

"딸, 엄마 어디 좀 가야 하는데 같이 가 줄래? 버스 타기는 다리가 좀 아프고, 택시비는 너무 많이 나오더라. 너 시간 안 되면 말고."

'택시비는 비싸고 딸의 시간은 저렴하니 막 써도 되나? 다리는 또 왜 아프고 난리야. 안 되면 말라니, 아예 부탁하지 말든지.'

갑자기 걸려 온 엄마의 전화에 구시렁대면서 시동을 걸었다. 엄마는 이번에도 골목 어귀에 미리 나와서 기다리고 있다. 꽃무늬 남색 원피스를 입은 엄마. 한쪽 다리를 절뚝이는 엄마.

"뭐야, 왜 이렇게 예쁘게 입었어? 다리는 왜 절뚝거려?"
"우리 딸 만나니깐 예쁘게 입었지. 연골이 닳았다는데 걸을 만해."

엄마는 잘 걷는 사람이었다. 어린 엄마는 십리 길을 걸어 학교를 오갔다. 젊은 엄마는 차비를 아끼려 걸어 다녔다.

중년의 엄마는 전국의 산을 오르내렸다. 노년의 엄마는 배낭에 반찬통을 담고 차로 10분 거리의 딸 집을 걸어서 오고 갔다.

 몇 해 전 엄마와 나와 나의 딸, 이렇게 셋이 1박 2일 여행을 간 적이 있다. 모녀 3대의 첫 여행지는 엄마가 정한 전주 한옥마을이었다. 비빔밥을 먹고 초코파이도 먹으며 전동성당을 향해 걸었다. 조선왕조실록을 보관한 전주 사고와 태조어진을 보러 경기전에도 방문했다. 남도의 먹거리는 정갈하고 맛있었다. 한옥 호텔의 침구는 소박하고 말끔했다.

 나의 성화로 두 사람에게 한복을 입히고 올림머리를 하게 했다. 한복만큼이나 고운 미소를 짓던 두 사람이 떠올라 핸드폰 사진첩을 찾아보았다.

 벌써 7년 전이었다. 엄지와 검지를 벌려 사진을 당겨서 보며 혼자 웃었다. '이때만 해도 우리 엄마 젊었네, 젊었어. 내 딸은 그때도 예뻤네, 예뻤어.' 기와집의 문틈을 들여다보는 두 사람의 뒷모습을 담은 사진을 오래 보았다. 내가 엄마라고 부르고, 나를 엄마라고 부르는 두 여자의 모습에 울컥해졌다. 그때 참 좋았는데. 두 여자의 모습을 눈과 사진에 다시 담을 수 있는 날, 언제가 될까.

나만의 새해 루틴이 있다. 매년 새 다이어리의 앞부분에 꼭 이루고 싶은 열 가지 꿈과 계획을 기록하는 것, 이른바 '버킷리스트'를 작성하는 일이다. 몇 해 전부터 '엄마와 함께 여행 가기'를 적었지만, 매번 미루기만 했다. 바쁘다고 귀찮다고 다음으로 나중으로 미루던 여행을 올해는 꼭 이루리라 다짐해 봤다. 그래도 아직 엄마가 잘 걸을 수 있을 때, 함께 손을 잡고 걸으리라 별러 본다.

"엄마, 우리 여행 간다면 어디 가고 싶어?"
"나는 영암에 한번 가 보고 싶더라. 네 아빠 고향이잖아."

돌려 말하는 법이 없는 엄마의 화법은 결정에 도움이 될 때가 많다. 이번에도 엄마는 단번에 가고 싶은 곳을 말했다. 신혼의 기억을 더듬고 싶은 걸까, 아빠와의 추억을 찾고 싶은 걸까. 지금은 아무 연고도 없지만, 아빠의 고향이란 이유로 모녀 여행의 목적지가 정해졌다. 월출산 천왕봉에 올라 볼까. 산행이 힘들다면 서호강 몽햇돌을 찾아볼까. 아빠가 즐겨 부르던 하춘화의 '영암 아리랑'을 읊조려 볼까.

어느 계절이라도 좋을 거다.
79년생 딸과 69세 엄마가 단둘이 떠나는 여행은.

'허공'과 '은파' 사이

매일 아침 9시 핸드폰으로 라디오 앱을 켠다. 피아니스트 김정원이 진행하는 '아름다운 당신에게' 프로그램의 볼륨을 높인다. 클래식 음악과 커피 한 잔이면 소소하지만 확실한 행복을 누릴 수 있다. 오늘의 첫 곡은 와이만의 '은파'(Silvery Wave). 이 곡을 들을 때마다 하던 일을 멈추고 일렁이는 은빛 물결 추억 속으로 뛰어들곤 한다.

나의 첫 사교육은 피아노였다. 1학년 담임 선생님이 풍금으로 연주하는 '이루어질 수 없는 사랑'을 듣고 집에 와서는 엄마를 졸랐다고 한다.

아파트 단지 상가의 피아노학원에 갔다. 모차르트, 베토벤, 바흐, 쇼팽 등 음악가들의 초상화가 걸린 연습실에서 '도레도레' 바이엘 상권을 시작했다. 날달걀을 쥐듯 조심스레 감싸 쥔 모양의 양손을 건반 위에 올렸다. 오른손, 왼손, 양손으로 연주하고 페달도 밟았다. 틀리지 않고 연주해 낸 어린 희열이 있었다. 드레스를 입고 연주하는 피아니스트가 되고 싶은 여린 희망이 피어났다.

 세상 모든 일이 그렇듯이 피아노를 치는 일도 만만하지 않았다. 아름다운 곡을 능숙하게 연주하기 위해서는 여러 단계를 밟아야 했다. 반복된 이론 공부와 지난한 연습은 힘들었다.

 한 번 연습할 때마다 선생님이 책 가장자리에 그려 놓은 꽃의 꽃잎을 하나씩 색칠해야 했다. 다섯 번을 치면 꽃 한 송이 완성. 수십 송이 꽃잎을 색칠해도 틀리던 부분에서 꼭 다시 틀렸다. 잘못 쳐도 서툴러도 다음 곡으로 넘어가고 싶은데, 완벽주의 선생님의 마음은 나와 같지 않았다. 레슨 시간에 혼나고 집으로 돌아오는 날이면, 마음도 발걸음도 무거웠다.

 여덟 살의 어느 오후, 좁은 집을 더 좁게 만든 커다랗고 무거운 갈색 친구. 놀라 벌어진 입을 틀어막고 한참 서 있던 순간. 양손을 흰 건반 위에 올려 가만히 숨 고르던 순간. 퇴근한 아빠의 목을 끌어안고 "아빠, 고마워!"를 외치던 순간. 힘든 삶의 냄새에 찌든 아빠가 가지런한 잇속을 보이며 웃던 순간. 딸이 기뻐하는 순간을 위해 딸바보 아빠는 새벽에 나가 한밤중에 들어왔을 것이다.

내 마음속 1번 연주곡은 언제나 단 하나였다. 열 손가락이 88개의 건반을 모두 아우르며 시작하는 곡. 저 끝에 있던 손이 순식간에 이쪽으로 사뿐 날아 와 우아한 춤을 추는 곡. 검지와 중지를 빨리 움직여 떨림을 표현하고, 양 손가락을 쫙 펼쳐 하프를 연주하듯 아름답게 튕기는 곡. 고아한 전개 절정을 거쳐 마지막 반전처럼 힘 있게 땅땅땅, 당당함을 잃지 않고 마무리되는 곡. 바로 와이먼의 '은파'였다.

피아노 소곡집에 수록된 쉬운 '은파'는 성에 차지 않았다. 명곡집에 있는 '은파' 원곡을 연주하는 것이 어쩌면 인생 첫 버킷리스트였을지도. 언제 그 곡을 배울지 내내 기다렸다. 그리고 열두 살 봄, 마침내 나의 열 손가락 아래로 잔물결이 일렁거렸다.

엄마는 나의 1호 '은파' 팬이었다. 온갖 유세를 부리며 '피아노 한 번 쳐 줄까?' 하면 엄마는 늘 그 곡을 신청했다. 10페이지에 달하고 10분이 넘게 걸리는 연주를 하기 싫어 다른 곡을 돌고 돌아도, 결국 마지막은 그 곡이었다. 쭈그리고 앉아 방을 쓸고 무릎으로 기며 걸레질하던 젊은 엄마는, 가사도 없는 곡을 입으로 흥얼거렸다. '쾅쾅'하며 웅장하게 곡이 끝나면 물개박수를 치는 엄마 앞에서, 나는 싫은 척 좋아했다.

 아빠의 신청곡은 두 곡, 정수라의 '환희'와 조용필의 '허공'이었다. 부잣집 고모 집에 갔다가 받은 피아노 악보 두 장이었다. 댄스곡을 피아노 반주로 치면 느낌도 안 살고 어색하다고 말해도, 아빠는 막무가내였다. 아빠는 서툰 반주에 맞추어 불룩한 배를 흔들며 노래를 부르고 춤추며 환희했다. 마지막 가사 '허공 속에 묻힐 그 약속'을 점점 느리게 부르는 아빠 앞에서, 나는 좋은데 싫은 척했다.

 간절히 원하던 것을 이루어 낸 성취감과 희열 뒤에 남는 허무함과 아쉬움, 그리고 더는 없는 미련. '은파' 원곡 연주를 이룬 후에는 더 도전하고 싶은 곡이 없었다. 하루도 빠지지 않고 즐겁게 가던 피아노학원은 지루했다. 음대 가려면 돈이 많이 든다는 것도, 우리 집 형편에 감당할 수 없다는 것도 알게 된 나이. 열세 살의 나는 작은외삼촌 결혼식 반주를 끝으로 피아노를 그만두었다.

다른 곳에 보냈다가 나의 고집으로 도로 데려온 피아노였다. 올려진 물건들을 치우고 피아노 뚜껑을 열었다. 의자 아래에서 빛바랜 피아노 명곡집 책을 꺼냈다. 손때 묻고 먼지 묻은 악보 사이로 어린 내가 색을 칠한 꽃잎들이 흩날렸다.

우리도 움직이고 싶어.
우리도 건반 위에서 춤을 추고 싶어.
우리도 달빛에 빛나는 물결이 되고 싶어.

'커피아노'는 아름다운 피아노곡이 흘러 내가 자주 들르는 카페다. 한적한 평일 오전, 혜옥 씨와 함께 그곳을 방문했다. 카페 한쪽의 테이블에 혜옥 씨가 자리했다.

나는 카페 가운데 놓인 그랜드 피아노 앞에 앉았다. 두 손을 가지런히 모으고 숨을 골랐다. 떨리는 열 손가락을 희고 검은 건반 위로 올려놓았다. 나의 피아노 연주를 열렬히 사랑해 주었던 두 사람, 오직 그들만을 위한 작은 연주회였다. 연주할 곡은 '은파'와 '허공', 두 곡이었다.

88개의 희고 검은 건반 모두를 아우르며 연주를 시작했다. 저 끝에 있던 손가락이 순식간에 이쪽으로 사뿐 날아 와 우아한 춤을 추었다. 검지와 중지를 빨리 움직여 떨림을 표현했다. 양 손가락을 쫙 펼쳐 하프를 연주하듯 아름답게 튕겼다. 고아한 전개와 절정을 거쳐 마지막 반전처럼 힘 있게 땅땅땅, 당당함을 잃지 않고 마무리했다.

첫 번째 곡이 끝났다. 나의 1호 '은파' 팬은 큰소리로 박수를 보냈다. 그녀의 눈에도 내 마음에도 물기가 어렸다. 두 번째 곡을 연주할 차례, 두 눈을 지그시 감고 아빠의 모습을 눈앞에 떠올렸다. 많이, 너무도 많이 보고픈 마음을 희고 검은 건반 위로 올려놓았다.

제사 지내지 말자

"올해는 집에서 제사 지냅니다. 음식은 다 알아서 준비합니다. 끝."

늦은 밤 동생의 카톡이었다. 일 년에 한 번, 막내는 장손이 된다.

아빠 제사를 지내지 말자고, 내가 제안했었다. 모두 바쁜데, 번잡스러운 집안 행사의 하나로 여길까 봐 싫었다. 생전 본 적 없는 시아버지 제사상을 차리는 며느리 심정을 상상했다. 혹여라도 싫고 귀찮을까 봐 염려되었다. 배려라기보다는 혹시라도 나의 아빠에게 그런 마음이 드는 것이 딸로서 싫었다. 그렇다고 내가 제사를 준비하겠다는 말도 선뜻 나오지 않았다. 늘 정성을 다하는 동생 댁의 성품에 언제나 고마웠고 또한 부끄러웠다.

 기일을 앞둔 주말, 아빠를 모신 절에서 동생 가족과 우리 가족이 모였다. 초파일을 앞둔 절의 안팎은 알록달록했고, 여름을 기다리는 잎사귀들은 온통 초록이었다. 대웅전으로 들어가 향을 피워 절을 했다. 본 적 없는 할아버지를 향한, 뵌 적 없는 장인과 시아버지를 향한, 다신 볼 수 없는 아빠를 향한 여덟 명의 인사였다. 잠시 정담을 나누고 일어섰다. 절을 돌아보고 근처 식당에서 밥을 먹었다. 챙겨간 옛날 사진들을 테이블에 늘어놓고, 남매와 조카들에게 돌아가신 할아버지 이야기를 해 주었다.

 이듬해, 동생은 다시 자기 집에서 제사를 지내자고 했다. 나는 알겠다고 했다.

 다 알아서 준비하겠다는 동생의 말에 퇴근 후 동생 집으로 향했다. 미리 주문한 제사 음식은 시간에 딱 맞춰 도착했다. 배도 사과도 밤도 대추도 개수가 딱 맞았다. 전도 나물도 생선도 약과도 흠잡을 곳 없었다. 제기를 꺼내 음식을 올려 상 차리는 일을 도왔다. 각자 핸드폰을 들고 방에 들어가 문을 닫은 아이들을 불러 상차림을 시켰다. 동생은 아빠 사진을 꺼내 중앙에 세웠다. 양쪽으로 세운 초에 불을 붙였다.

"자, 이제 할아버지께 인사드리자."

십수 번 절을 하는 동생과 조카의 너른 등을 보았다. 두 등은 사진 속 아빠를 참 많이 닮아 있었다. '아빠는 아들보다 딸을 더 사랑했다는데, 나는 언제쯤 절을 할 수 있을까.' 지루한 듯 끔뻑이는 아이들과 눈이 마주쳤다. '조금만 기다려. 거의 다 끝났어.' 소리 내지 않고 입 모양으로 말했다.

피워 올린 향 위로 술을 따른 잔을 세 번 돌렸다. 아빠 생전 좋아하던 음식 위로 젓가락을 올렸다. 아빠가 어떤 음식을 좋아했는지 생각할 때마다, 날밤을 손으로 집어 먹다가 서울 큰엄마에게 등짝을 얻어맞던 젊은 아빠 모습이 떠올라 피식 웃게 된다. 두 손 모아 절을 하고 일어서다가 사진 속 아빠와 눈이 마주쳤다. 참았던 눈물이 울컥. '눈물 쏟으면 안 돼.' 두 번째 절을 하며 눈물을 삼켰다. 매년 눈물 쏟는 누나로, 매번 훌쩍이는 고모로 기억되고 싶진 않았다.

제사가 끝났다. 상에 놓았던 음식들을 잘게 저며 흰 종이 위에 모았다. 숟가락을 곧게 세워 놓은 밥그릇에서 밥 한술을 떠 그 위에 더했다. 현관문을 열고 음식을 내다 놓고 창문을 열어 두었다. 다 같이 모여 앉아 먹는 늦은 저녁. 후다닥 밥을 먹은 아이들은 방으로 들어가 다시 문을 닫았다. 어른 넷이 제사상 앞에 남았다. 제사 음식을 안주 삼아 한잔하기로 했다. 데우지 않은 정종을 동생의 잔에 따라 주었다. 나도 잔을 받았다.

드라마 〈응답하라 1988〉이 불편하다는 동생의 말에, 극 중 인물 한 명이 떠올랐다. 장례식장에서 오열하던, 공부 잘하는 반장 아들인, 청첩장에 성이 다른 혼주의 이름이 적힌 선우였다. 열여덟 상주였던 동생도 마흔을 넘겼다. 대학교 축제 기간과 수학 여행 기간에 접한 아버지의 부고는 닮은 듯 달랐을 것이다. 주거니 받거니 모처럼 남매가 함께 제주(祭酒)가 담긴 주전자를 다 비웠다.

시간이 흐른다고 덮어놓고 옅어지는 슬픔은 없다.
슬픔을 넘어 아쉬움, 후회, 회한이 버무려진 그리움이 경련처럼 인다.

일부러 치우지 않은 영정 사진을 보았다. 사진 속 아빠는 영원히 젊었고, 아빠의 딸과 아들은 아빠의 마지막 나이를 향하고 있었다. 우리 셋이 같이 한잔하면 얼마나 좋았을까. 어떤 안주로 어떤 술을 마셨을까. 어떤 이야기들이 오갔을까.

동생이 준 잔을 입에 털어 넣고 다시 잔을 받았다.

뭉근한 애도를 술잔 가득 담으며.
그리운 시절을 마음 가득 담으며.

마흔여섯 번의 봄

4월의 한봄을 좋아한다. 내 생일이 들어있는 달력에 내가 좋아하는 것들로 채운다.

경애하는 작가의 신간을 산다. 새로 오픈한 카페의 대표 메뉴 커피를 마신다. 눈여겨보던 공연이나 전시회는 예매와 동시에 설렘이 시작된다.

찬 계절을 견뎌 낸 겨울눈을 찬탄하며 서너 걸음마다 멈춰 선다. 벚꽃 비라도 내리는 날이면 "어쩜 좋아!" 외마디 감탄사와 함께 두 손을 모은다. 핸드폰 사진첩에는 매년 닮은 듯 다른 분홍빛이 가득 찬다. 이쯤 되면 한 달 내

내 생일인 셈. 하루치 행복이 쌓여 충만한 한 달이 된다.

아빠와 엄마가 결혼한 후, 두 번째 봄에 내가 태어났다. 아빠는 그날도 새벽 일찍 용달차를 몰고 나갔단다. 소식을 듣고 병원에 들른 아빠는 몸 풀고 누운 엄마의 땀에 전 이마를 한 번 쓸어 줄 뿐이었단다. 옆에 누운 나의 손가락 발가락을 세어 보고는 또 일하러 나갔단다.

"남들은 아들 낳아 좋겠다고 할 때도, 네 아빠는 너만 안고 쪽쪽 빨았어."

엄마가 슬쩍 눈을 흘기며 보태지 않아도 안다. 어리고 여렸던 나는, 아빠의 사랑을 쭉쭉 받아먹고 쑥쑥 자랐을 것이다. 어쩌면 이른 이별을 위해 아빠는 나에게 농축된 사랑을 진작부터 퍼 주었을지도 모른다.

나의 생일은 엄마가 고생한 날. 몇 해 전부터 엄마와 단둘이 밥을 먹는다. 작년 생일에는 곤드레밥 정식을 먹었다. 잡채, 샐러드, 생선구이, 곤드레밥, 미역국이 상에 올랐다. 학창 시절에는 생일이 시험 기간에 있어서 미역국을 일부러 안 먹었다. 흐느적거리는 식감을 좋아하지도 않았다. 이제는 맛있게 먹을 줄도 끓일 줄도 알게 되었다.

이번 생일에는 엄마가 추천한 월남쌈 식당을 방문했다. 유명한 동네 맛집이라 수십 번의 시도 끝에 예약에 성공했다. 정갈한 상차림이 입맛을 돋우었다. 친절한 응대에 제대로 대접받은 느낌이었다.

"엄마, 우리 사진도 찍자."
"얘는 뭘 또 하자고 그래. 거울은 어디 있나."

말로는 딸내미 유난 떤다면서, 가방에서 립스틱을 꺼내 거울을 보는 엄마. 부끄러워하면서도 의외로 과감한 엄마 모습에 깔깔 웃었다. 출력된 사진 두 장을 하나씩 나누어 가졌다. 엄마는 사진이 구겨지지 않게 가방 안에 있던 책 사이에 넣었다. 할머니, 엄마, 딸로 이어지는 밝은 분홍빛 표지의 내가 선물한 책이었다.

내가 좋아하는 책방에도 들렀다. '책방 마음이음'은 커피와 음료가 맛있고, 통창으로 보이는 풍경이 아름다운 곳이다. 따뜻하고 다정한 공간만큼이나 정 깊은 책방지기님을 엄마에게 소개하고 싶었다. 책이 가득한 공간에 오니, 엄마는 광주에 사는 여동생, 나의 작은 이모 생각이 난다고 했다. 읽고 싶었던 책 두 권을 엄마에게 선물받았다. 책방지기님의 커피 선물에 감사했다. 생일 기분

한번 제대로 났다.

 문득, 다가올 엄마 생일이 떠올랐다. 실제 태어난 날짜와 호적상 날짜가 다른, 시댁 제사와 겹쳐 제대로 축하받지 못했던, 머잖아 일흔 번째로 맞이할 엄마의 생일.

 이곳에서 엄마의 생일 파티를 열면 어떨까. 엄마의 형제와 자식, 손주, 친구 모두 모여 칠순 잔치를 벌이면 어떨까. 지금 엄마의 모습을 글로 써서 선물한다면 어떨까. 지금 엄마의 미소를 담은 책이라면 어떨까.

"엄마, 여기 어때?"
"너 이런 책방 차리고 싶다고?"
"아니, 여기에서 엄마 칠순 잔치할 거야. 북토크도 하고."
"얘는. 엄마 글 못 써. 또 별걸 다 시킨다."

 창밖을 향해 엄마와 나란히 앉았다. 준비해 온 스프링 노트 두 권을 꺼냈다. 엄마와 딸이 쓰는 교환 일기. 서로에게 하고 싶은 말을 써 내려갔다. 봄날에 낳아 주어 고맙다고 감사 편지를 썼다. '너를 낳아서 기뻤다'라고 쓰인 축하 편지를 받았다. 벚꽃이 지고 연두가 초록으로 물들어 가고 있었다.

다시, *愛* 쓰는 마음

 기억하고 기록하기 위해 시작한 일기, 나는 일기 쓰는 사람이다.

 어린 시절 그림일기, 조악한 자물쇠로 잠근 비밀 일기, 친구와 함께 쓴 교환 일기, 내 아이들의 반짝이는 시절을 글과 사진으로 남긴 육아 일기를 쓰던 시절이 있었다. 어린 시절, 학창 시절, 출산과 육아 시절을 지나 지금까지도 계속해서 일기를 쓰고 있다. 올해 2025년에는 긍정 확언을 쓰는 모닝 레시피 다이어리, 책 모임을 기록하는 스타벅스 다이어리, 하루의 감사함을 적는 5년 일기장, 이렇게 세 권의 일기를 쓰고 있다.

기억하고 기록으로 남겨 왔지만, 차마 기록하지 못한 기억도 있다.

"저기 너 이름을 부르는 것 같은데?"

모의고사를 끝낸 이른 저녁, 친구와 함께 교복을 입은 채 시내를 돌아다니고 있었다. 허름한 옷차림의 아빠가 낡은 트럭에서 내려 나를 향해 손을 흔들었다. 나는 순간적으로 아빠의 눈길을 피했다. 오던 길을 되돌아서 친구의 팔짱을 끼고 다른 방향으로 걸었다. 뒤돌아보는 친구에게 얼른 다른 화제를 꺼냈다. 그날 밤 퇴근한 아빠는 아무 말도 하지 않았다.

"딸, 여자가 된 걸 축하한다."

열두 살의 봄, 아빠가 내미는 장미꽃 한 송이를 얼떨결에 받았다. 설마 아빠가 산 꽃일까. 엄마가 미리 사 놓고 등 떠밀었을까. 언제는 뭐 여자 아니라 남자였나. 안개꽃이라도 보태 꽃다발을 사 줄 것이지. 대체 나의 초경이 어디까지 알려진 걸까. 방에 들어와 꽃을 아무렇게나 던져두었다.

"아빠가 늦게 와서 미안해. 우리 딸 최고야."

유치원 연말 재롱 잔치는 일곱 살 인생 최고의 이벤트였다. 예쁘고 영특했던 나는 연극에서 가장 대사가 많은 역할을 맡았다. 화장까지 한 특별한 나의 날, 늦게 도착한 아빠가 멀리서도 들리도록 큰 소리로 손뼉을 쳤다. 짝이 맞지 않는 양복과 넥타이를 착용한 아빠 모습은 어린 내 눈에도 왠지 어색했다.

일기에 적지 않은 아빠와의 기억은 하나같이 부끄러움이었다. 그래서 미안함이 컸다.

"와, 소영이 엄마는 요리사 같다."

국민학교에 입학했다. 많은 애들이 집에서 생일 파티를 했다. 이른 봄에 태어난 딸의 생일날을 위해, 엄마는 김밥을 말고 돈가스를 튀겼다. 밀가루 반죽을 해서 쿠키와 피자를 구웠다. 친구들은 곱게 포장된 생일 선물을 들고 와, 내 엄마표 생일상 앞에 앉았다. 양 볼이 불룩해지도록 먹고 또 먹으며 엄지를 치켜들었다.

"너희 엄마 선생님 같다."

내가 열 살 되던 해의 스승의 날, 엄마는 일일 선생님이 되었다. 엄마가 반 친구들에게 책을 읽어 주러 우리 반 교실에 왔다. 하얀 블라우스와 검은 치마, 화장한 엄마가 교단 앞에 섰다. 동화를 읽어 주는 목소리는 나긋나긋했고, 아이들을 향해 질문하는 얼굴에는 미소가 가득했다. 나의 어깨가 절로 으쓱해졌다.

"너희 엄마는 잔소리도 안 하시고, 좋겠다."

'어렸을 때는 예뻤는데'라는 그 소리가 듣기 싫었다. 도수 높은 안경을 쓰고, 여드름이 온 얼굴을 덮은 사춘기 시절이었다. 나의 공부 머리는 거기까지였을까. 아무리 노력해도 내리막길을 걷는 성적에 예민하고 까칠했다. 엄마가 지어다 준 수험생 한약을 안 먹고 버렸다. 엄마가 차려 놓은 아침밥을 안 먹고 집을 나섰다. 엄마가 사다 준 옷이 마음에 들지 않아 짜증을 부렸다. 자신의 엄마에게 욕을 먹고 등짝을 맞던 친구들은 내 엄마의 말 없는 응원을 부러워했다.

일기에 적기도 안 적기도 했던 엄마와의 기억은 고마움이었다. 돌이켜보면 나는 철없는 사춘기 여자아이에 불과했다. 그땐 왜 그리 엄마를 막 대했는지, 사춘기라는 명분으로도 가릴 수 없는 낯 뜨거움이 몰려왔다. 미안함 또한 컸다. 그때의 나는, 가방끈 짧고 가난한 아빠를 부끄러워했다. 아빠의 마지막 나이를 향해 가는 지금의 나는, 글로나마 아빠에게 용서를 빌고 싶다. 엄마의 삶을 글로 써도 되겠느냐고 엄마에게 물었다. 우리 딸 하고 싶은 거 다 하라고, 오히려 고맙다고 하는 엄마에게, 나는 더더욱 미안해졌다.

 미안하고 고마운 기억을 기록하고 싶다. 그때는 몰랐던, 귀하고 대단했던 내 부모의 삶을 적고 싶다. 삶과 사람을 글 속에 담고 싶다. 마침내 사랑을, 愛 쓰는 마음을 계속해서 쓰고 싶다.

에필로그 | 사랑이라는 시절

'갑천 씨가 죽었다.'

한 문장을 쓰고 더는 쓸 수 없었습니다. 차오른 눈물도, 유리창의 봄비도 흘러내렸습니다. 1999년 그날도 비가 내렸습니다.

해마다 오월이면 슬픔이 방문했습니다. '아빠'라는 단어만 들어도 눈물이 났습니다. 가족과의 이별을 담은 책, 영화, 드라마를 마주하면 힘겨워 또 울었습니다. 그렇게 여러 해를 보냈습니다.

'나의 아빠를 글로 써낼 수 있을까?'

이십사 년 만에 처음 낸 용기는 이 책의 시작이 되었습니다.

정작 아빠에 대해 아는 것이 없었습니다. 제가 찾은 방법은 오래된 사진첩과 기억의 서랍이었습니다. 낡은 사진을 보며 소년이고 청년이었을 갑천 씨를 상상했습니다. 기억을 더듬어 아빠 갑천 씨를 끄집어냈습니다. 여러 번 작게 울었고, 마침표를 찍으며 크게 울었습니다. 그리고 알았습니다.

'나는 비로소 슬픔을 오롯이 마주했구나.'

글로 통과해 낸 온전한 슬픔은 완전한 치유가 되었습니다. 슬픔이고 아픔이었던 그때를 뒤적이다 보니, 기쁨이고 행복이었던 순간들이 보였습니다. 웃다가 울었고, 마침내 미소 지었습니다. 언제나 나는 그들의 자랑이었고, 그들의 사랑이 나를 지켜 주었습니다. 그들을 쓰는 여정은 나를 돌아보는 시간이었습니다.

나의 첫 책은 나를 위해 쓰고 싶었습니다.
나의 첫 책은 그들의 이야기여야 했습니다.

나는 갑천 씨의 감성과 혜옥 씨의 이성을 적절히 닮았습니다. 모나지 않게 살고 싶은 삶의 철학은 그들에게서 왔습니다. 그들을 추앙하고 추억하고 싶었습니다. 모든 시절이 사랑이었습니다.

사부인과 며느리와 딸과 책을 읽는, 쉽지 않은 일을 함께해 주신 시어머님, 책 언제 나오느냐고 궁금해하신 시아버님, 감사합니다. 밀린 설거지처럼 쌓여 가는 투정과 짜증을 받아 준 든든한 나무 같은 남편, 고마워요. 존재만으로도 빛나는 두 송이의 꽃, 너희를 위해 엄마는 기꺼이 꽃받침이 될게.

큰 눈과 서글서글한 성격을 물려 준 나의 아빠 갑천 씨.
단호한 어투 속에 정이 듬뿍 담긴 나의 엄마 혜옥 씨.

당신들의 삶에 존경을 보냅니다.

다음 생에도 꼭!
나의 아빠, 엄마가 되어
오래오래
함께해 주세요.

딸에게 보내는 혜옥 씨의 편지

소영아

 너를 세상에서 가장 사랑했지만, 이제는 2위로 밀려난 것 같기도 하구나.

 낮부터 계속 피곤하다고 했으면서, 막상 밤이 되니 잠이 오지 않는다는 너. 오늘은 바쁜 너와 함께 목욕탕에 다녀왔지. 말은 안 했지만, 순간순간 기분이 묘해지더라. 엄마 곁에서 목욕하는 것도 쇼핑하는 것도, 앞으로 자주는 힘들겠지.

 아까 목욕할 때는 어린 너의 몸 전체를 깨끗하게 닦아 주던 그때로 돌아가고 싶더라. 엄마만큼이나 훌쩍 크고 모든 걸 척척 잘하는 딸이 아닌, 서너 살의 너를 다시 보고 싶더라. 내가 때를 밀어주고, 머리를 감겨 주고, 로션을 발라 주던 어린 너 말이야. 목욕 후 마실 바나나 우유를 기다리며, 엄마인 나에게 온몸을 맡기던 내 딸 말이야.

 엄마는 너와 사위(엄마는 '사위'라는 말이 쉽게 나오네.)가 즐겁게 사이좋게 지내는 것을 보는 것만으로도 행복하단다. 엄마 한을 풀어 주는 것 같은 대리 만족이랄까, 그런 걸 느끼면서 말이야. 너의 외할머니와 외할아버지를 떠올리기도 했단다. 당신들 마음에 들지 않았던 사위인 네 아빠와 결혼하면서 근심 걱정을 안겨드리는 불효를 했지. 남들 앞에서 사위 자랑 한번 못 하시던 두 분 생각이 난다.

 엄마는 그래서 더 잘살고 싶었어. 네 아빠 첫인상은 할머니 할아버지에게 낙제점이었을 거야. 하지만 아빠는 살면서 행동으로 보여 주었던 것 같아. 아빠도 노력했지만, 우리 딸과 아들 덕분이기도 했지. 너희 둘 다 성품 좋고 바른 사람으로 자라 주었기에 엄마는 할아버지 할머니 앞에서 떳떳할 수 있었어.

 행복한 삶에 대한 정답은 없단다. 네가 많이 노력하면 사위는 더 많은 것을 너에게 줄 거야. 처음도 중요하지만, 끝까지 행복하게 살아야 한다. 엄마는 네 아빠와 끝까지 함께하지 못한 것이 마음 아프단다.

 시집가는 딸에게 멋있는 얘길 해 주고 싶었는데 마음처럼 되질 않네. 혹여라도 혼수 준비하면서 엄마한테 서운한 점이 있었더라도 다 풀어 버리렴. 시부모님께도 잘하고 사랑받길 바란다. 엄마가 바라는 것은 그것뿐이야.

벌써 다음 주면 결혼식이구나. 세상에서 가장 예쁠 신부를 생각하면 눈물부터 나올 것 같아. 세상 누구보다 너를 많이 사랑했던 아빠가 네 모습을 직접 볼 수 없어서 안타깝구나. 먼 곳에서 꼭 우리 딸을 지켜보고 있을 거야. 우리 딸의 행복을 지켜 줄 거야.

 자식을 낳아 기르고 사랑하는 일만큼 큰 행복이 있을까. 우리 딸도 엄마 같은 행복을 누리는 길을 걷길 바란다. 내 딸에게 큰 축복과 행복이 있길.

2005년 4월의 어느 밤
우리 딸을 가장 사랑했던 엄마가

사랑하는 내 딸 소영아

 누구든지 자기 딸이 최고지. 여느 엄마들처럼 나도 마찬가지야.

 벌써 사위를 만난 지 20년이 넘었구나. 처음 만났을 때부터 듬직하고 예의 바른 모습이었지. 그 모습이 앞으로도 영원하길 바랄 뿐이야. 물론 힘든 순간도 참 많았겠지만, 아이들 낳고 키우며 여기까지 왔구나. 엄마는 늘 그 부분을 기특하고 고맙게 생각해.

 여러 번 얘기했지만, 같이 애 낳고 산 인연이 가장 맞는 인연이야. 엄마는 네 아빠와 끝까지 함께하지 못한 것을 생각하면, 지금도 눈물이 난다. 너의 결혼과 손주들 보면서, 네 아빠와 함께 더 크게 기뻐하며 나누지 못한 것이 가슴 아파. 우리 딸은 사위하고 끝까지 살아야 해. 힘든 일이 있어도 자식들 보며 참고 견뎌야 해. 엄마가 살아온 세월 속에서 찾은 답이다.

 네가 결혼하고 10년 정도 되던 해, 사위와의 관계 때문에 힘들어했지. 엄마가 딸인 네 편이 아니라 사위 편만 든다고 내 앞에서 엉엉 울던 순간을 떠올리면 얼마나 후회되는지 몰라. 누가 뭐래도 엄마는 자식 편을 들어야 하는데. 세상 떠난 아빠만이 유일한 네 편이라고 얘기하던 너. 네 마음에 한을 심은 건 아닌지.

네가 녹내장 진단을 받고 큰 병원에 다녀온다며 전화했던 생각도 많이 난다. 시력이 좋지 않은 건 내 유전인가 싶어 늘 마음 쓰였는데, 병원에라도 같이 가 줄걸. 혼자 가게 해서 그것도 후회했단다.

소영아, 혹여라도 눈이 아프거나 잘 안 보이게 되더라도 걱정하지 마. 엄마 눈을 네 눈과 바꾸어 줄게. 엄마는 많이 살았고 많이 보았으니 괜찮아.

결혼 20주년을 진심으로 축하한다. 모든 일이 다 잘될 테니 너무 걱정하지 말고 즐겁게 살아주길 바란다.
사랑해.

2025년 4월
우리 딸 가정의 행복을 위해
늘 기도하는 엄마가

사랑이라는 시절

초판 1쇄 발행 2025년 6월 21일

지은이 강소영
펴낸이 김수영

경영지원 최이정 · 박성주 **마케팅** 박지윤 · 여원 **브랜딩** 박선영 · 장윤희
교정.교열 김민지 **표지 디자인** 디자인스튜디오 마음

펴낸곳 담다
출판등록 제25100-2018-2호 (2018년 1월 9일)
주소 대구광역시 달서구 문화회관길 165, 대구출판산업지원센터 402호
전화 070.8262.2645 **이메일** damdanuri@naver.com
인스타 @damda_book **블로그** blog.naver.com/damdanuri

ISBN 979-11-89784-65-2 (03810)

· 책값은 뒤표지에 표시되어 있습니다.
· 이 책의 판권은 지은이와 도서출판 담다에 있습니다.
· 이 책 내용의 전부 또는 일부를 재사용하려면 반드시 양측의 서면 동의를 받아야 합니다.

> 도서출판 담다는 생각과 마음을 담은 원고 투고를 기다리고 있습니다. 작가의 꿈을 이루고 싶은 분은 이메일 damdanuri@naver.com으로 출간기획서와 원고를 보내주세요.

도서출판담다